U0143048

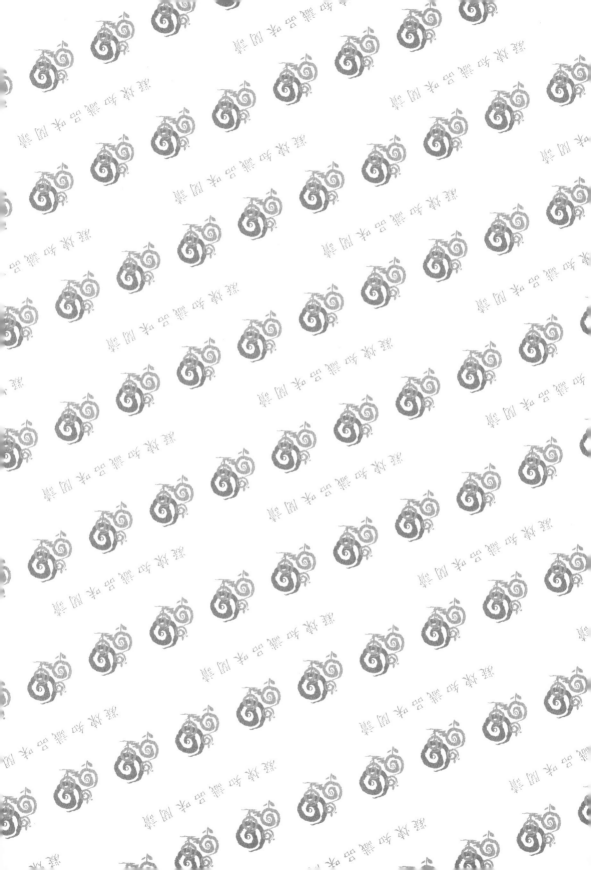

邊緣教育學

寫給教育新鮮人的導讀書

李淑菁　著

五南圖書出版公司 印行

自序

讓「邊緣」成為中心

　　當政大教育系系務會議通過從 109 學年度第一學期開始，由我與王素芸教授、張奕華主任合開「教育概論」一門課，腦袋一直思考著教育概論六週的課程，應該帶給學生什麼樣的教育想像。

　　我回想著二十多年前（大一時）修教育概論的課程內容，以及當時的感受、學到了什麼、又缺少了什麼；接著，我審視部分《教育概論》教科書，內容雖然包山包海，然而文字的陳述較難讓大一教育新鮮人引起共鳴、感受與對話。政大教育系學生常說「愛就開心」（E-du-ca-tion 諧音），「感受性」應是進入教育很重要的入門要件。「感受」能夠引起強大的內在動機去學習、去洞悉問題，進而思考解決問題的方針，是進入教育很重要的開始。

　　因此，我思考著這六週「教育概論」課程應給教育新鮮人什麼樣的教育感受與想像，腦袋逐漸浮現出來的是「邊緣教育學」一詞。主流教育概論往往以常態（normal）為關注重點，從中心（center）角度進行觀看，並判斷所謂的好／不好、優秀／駑鈍等，這本書嘗試從「邊緣」出發，以教育社會學為理論基礎，性別教育、多元文化教育為核心議題，嘗試讓「邊緣」成為中心，使得教育新鮮人學習從邊緣的角度觀看所謂的「教育」，也藉此讓學生重新思考「教育」的本質。

　　至於這本書的英文名稱，我原本想使用「Education from Margins」，但腦袋突然浮現「Fringe」一字，那是我在英國念書那段時間的印記——作為一個英國社會中的 Fringe。對 Fringe 一詞的理解，來自於在英國念書時到愛丁堡訪友，同時免費或用很低的價格，躬逢其盛的參與「愛丁堡

藝穗節」（Edinburgh Festival Fringe）活動。剛開始不了解爲何活動使用「Fringe」一詞，後來發現「Fringe」的活動是由進不了 Edinburgh Festival 的藝術團體，以及藝術家因不滿甄選制度本身的菁英性與單一性，於是集結起來在國際藝術節舉行期間，開放參與（open access）且取消遴選制度，好讓各式各樣的表演者都可以平等享用這個表演平臺展示自己的作品。

當時的我，正在英國的「菁英」大學念博士班，身爲勞動階級、非盎格魯撒克遜的亞洲女性，切實的體會那一段被邊緣化的歷程，也感受到制度「中立」（neutral）公平表象底下潛藏的結構。我的日常文化戰爭讓我對「邊緣」（Fringe）心有戚戚焉，某程度反映當時的處境。當時只能透過《台灣立報》的「劍橋漫遊」專欄作爲發聲，透過「邊緣」發聲，持續對中心（center）的「標準」進行解構與挑戰。

把 Education 翻譯爲「愛就開心」（E-du-ca-tion）是透過音譯，讓大眾能夠一聽就記住的創意行銷手法。然而，作爲一位多元文化教育、性別教育、教育社會學者，對於「愛就開心」的說法，仍持保留。「愛就開心」是否隱含某種單方面強迫式給予？妳／你盈滿甚至氾濫的「愛」，是對方想要或需要的嗎？哪一種的「教育愛」可以達到彼此心領神會的「開心」？

不同於主流教育學教科書的呈現方式，本書嘗試使用淺白的科普文字，讓初入教育領域的學子透過《邊緣教育學》概念的理解，解構自己一直以來的想當然耳，特別是絕大多數一直處於社會優勢位置的我們，如何學習開始用邊陲／邊緣的視角觀看所謂的「教育」，這對於即將成爲教育工作者的大家，應該是一個很重要的起始點。

享有特權（privilege）的主流群體成員往往不知道自己享有特權，因爲社會的準則、規範、標準，基本上就是爲主流群體而設置，導致我們對於自己習焉不察的特權（privilege）沒有感覺，甚至覺得是理所當然。此外，偏離中心的這些極端個案也很容易陷入「不合規定」、「不正常」或

「不合格」的處境當中，強化我們對於規範、標準的鞏固。

　　解構，再重構，正是本書的用意。當我們理解自己的社會位置，才能理解她／他者（other）的處境。邊緣／邊陲（margins）本身的意義在於一直不斷的解構以「主流」為中心的狀態，一種挑戰分類（category）與疆界（boundary），它提醒著、也讓「中心」能夠反思，並能一直不斷地改變，使社會能夠更趨於多元、多樣與平等，這也是未來教育必須回應的社會文化變遷。

　　本書集結整理過去書寫及發表於媒體的小文章，讓初來乍到教育領域的新鮮人從一個個小故事、小議題，更有感的理解所謂「教育」為何？從邊緣的教育「看見」為何？本文文章包含：

李淑菁（2006）。〈黑白分明的國度：一個台灣女生的伊斯蘭經驗〉刊於《教育部性別平等教育季刊》，第 37 期，頁 130-135。

李淑菁（2007）。〈我是誰？誰是我？性別在族群中的掙扎〉刊於《教育部性別平等教育季刊》，第 40 期，頁 137-139。

李淑菁（2008）。〈達爾文再起？揭開金星、火星的迷思〉刊於《教育部性別平等教育季刊》，第 42 期「性別與腦袋」專題，頁 87-89。

李淑菁（2008）。〈誰的聲音被聽見？教室言談的性別、階級與族群意涵〉刊於《教育部性別平等教育季刊》，第 43 期，頁 93-100。

李淑菁（2009）。〈隱藏在「卓越」底下的必要之惡？對劍橋大學族群／階級／性別之批判〉，《通識在線》，第 25 期，頁 50-52。（劍橋八百週年特別報導）

李淑菁（2009）。〈國家、社會與政策：一個大圖像的性別教育觀看方式〉，《教育社會學通訊》，第 76 期，頁 32-39。

李淑菁（2010）。〈校園霸凌、性霸凌與性騷擾之概念釐清與討論〉，《社區發展季刊》，第 130 期，頁 120-129。

李淑菁（2011）。〈你／妳以為我什麼都不懂？談性／別化的小學生次文化〉刊於《教育部性別平等教育季刊》，第 56 期，頁 24-29。

本書分為五個部分，包含聽見來自邊緣的聲音、觀看性別、感受多元文化與教育、營造邊緣友善的學校文化、成為未來教師，最後回到根本的問題──「教育是什麼？」或許未來幾年，教育新鮮人會持續探索這個問題的答案。

Collins（1986）在一篇名為〈向裡面的外人學習：黑人女性主義思潮對社會學的重要性〉談及在社會學領域中，站在黑人女性的邊陲性位置，產生了一種很獨特的立足點（standpoint），這個位置比裡面的人（insider）更容易看見向來被視為理所當然的事物、現象或規定等。當然，這必然對主流學術界帶來緊張關係，但不管是黑人女性或其他較無權力外人（outsider）的獨特經驗，都將是推進學術發展的重要力量。Collins 因此呼籲應善用作為「裡面的外人」（'outsider within' status）的狀態與地位，為學術界做出貢獻。

我站在教育學術的邊緣看見邊緣，妳／你或許也能從此書看見自己，或者重新看見自己與他／她人！

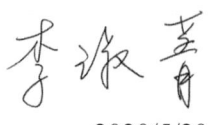

2020/5/20

目錄

第一課

聽見來自邊緣的聲音

（四歲的陳妤蓁 Erika 畫作）

「我就是笨啊！」鄉村的勞動階級孩子這樣說自己，但她卻是一位這麼聰明慧捷的孩子！「我就不會讀書……」，離島的達悟族中學生這樣看自己，然而這兩句話的背後有許多沒被說出或說不出來的故事，故事背後有著看不到的結構（structure）。

妳／你聽見了嗎？你／妳看到了嗎？

一┃聽不見的聲音

　　筆者在 2005 年到東部進行學校田野研究時，曾訪談原住民族教師，在她／他們的求學歷程中，我彷彿看見一道道被傷於無形的傷疤，而劃開這些傷口的，可能是你我無心的一句話、作法或是決策。這些聲音在她／他們就學的過程沒被聽見，或者是有口說不出。

　　以我曾經訪談的三位原住民老師（以下皆以化名呈現）為例，雖然在他們部落中，都享有較高的社經地位：美渝的父親在阿美族裡的階級高，母親是客家人；盈蟬的父親是布農族，母親是阿美族，父母親皆為小學校長；英耀是阿美族。三個原住民族老師在求學過程中，都曾在族群認同中掙扎過。美渝及英耀都曾試圖掩飾自己的原住民族身分，美渝說：

> 　　小時候並沒有感覺到〔族群上的認同掙扎〕，但是長大後回想過來，我真的一直在族群當中掙扎，因為我自己對自己沒有辦法認同。有時候，人家在批評我們原住民的時候，尤其以前的時候，我會告訴自己說，因為我一半，所以我不要跟他們講我是。（美渝，父親阿美族，母親客家人，2005 年 10 月 17 日訪談）

　　英耀說自己外表看起來像客家人，因此他在念大學時就佯裝自己是客家人。「在學校，我不敢告訴同學我是原住民，其實人家早已知道。我讀師大，全班裡，只有我一個是原住民，但是人家不知道我是原

住民。」他描述早期原住民知識分子對自己身分認同的掙扎，用此說明自己的心路歷程：

> 早期那種還很明顯的時候，稍微讀了一點書，想要排斥自己，告訴自己：我不是原住民。那種觀念為什麼會很強烈？因為給人家的觀點，第一個：你一定在街上、在城市，一看到，哇！這山地人、這原住民，因為他表現的是：落魄啦！髒啦！沒水準啦！沒氣質。你會看到這樣子，唉！我是原住民，我會告訴自己，我不要當原住民，我不可以當原住民。在早期，它是更明顯的，我們那個年代，五六十年，稍微有讀書的，就不想當原住民，拒絕講母語。（英耀，體育老師，2005 年 10 月 18 日訪談）

盈蟬在訪談當時是年輕的地理老師，有著一般原住民族較深刻的輪廓，從第一眼可以輕易認出她的原住民身分。她說她從來不試圖掩飾自己的原住民身分。**「這就是我的身分，就像我報名字一樣啊！我不會覺得什麼！」**儘管如此，從小學、中學、大學，到求職，她依然無法擺脫原住民身分帶來的困擾。原住民優待加分政策的良善美意，一方面是提供社會弱勢者積極性差別待遇，但另一方面卻也成為原住民學生能力遭質疑的因素之一──「在求學的過程，動不動就會有老師跟我說：你要努力，因為你是原住民的身分，你有很多好處，你為什麼不去珍惜！他們講的大概是加分的部分。」她回想念大學時一次上某教授的課程，講到臺東的某個地方，「然後大家都看我，我就在笑，**然後教授就講了一句話說：她原住民，她知道什麼啊！」**類似的歧視情況也出現在教師甄

試：

> 我的口試官，聽說是 × 師的講師，兩個，對我講的話是，因為我就是原住民，我在我的自傳上一定要寫，我也會寫，然後他就直接問：你是原住民？我說：對。他就說：你告訴我，你聯考加幾分？那是我的第一個問題！那時候當然是微笑啊！他就說：你說啊，你到底加幾分，你自己說。我就火了，**我說：我不加分就上 × 大地理系了，我講的是實話啊！**他就開始白了我一眼，然後另外一個說：你到底加幾分嘛？我說：我忘了，我加完之後，我可以讀 X 大法律系！（盈蟬，26 歲，地理，2005 年 10 月 6 日訪談）

原住民族在臺灣社會的汙名，使得盈蟬父母縱然在原住民部落享有高的社經地位，卻仍堅持她要跟漢人結婚，以提高在臺灣的社會地位。

> 我爸其實是希望我可以嫁給平地人，就是漢人，他很堅持。**他就一個觀念：你要把你的地位拉高。**你看，我爸已經當到校長了，他還有這樣的觀念。而且，因為他當了校長之後，他看了很多原住民家長對自己的子女的教育，他更痛心。不過還好他痛心他不會不想去面對，所以他待的是原住民地區學校，我媽也是。……雖然他們會說：當然，原住民是好啊！他會講說：你要找到像我們這樣的原住民也不多。然後我爸爸說：我花這麼多心血把我們家想辦法抬到這個位子，你如果又再降下去，那以後你的子女怎麼辦？他說他在爬的過程裡面，

> 我們就已經受委曲了，我又再把它降回去，那我的子女是不是
> 又要受委曲，他的理念是這樣子。……他就覺得畢竟因為我是
> 女生啊！我嫁過去，我的孩子就會變成平地人啊！如果我是男
> 生，不管娶什麼，那小孩還是原住民啊！最主要是因為這樣，
> 是因為女生的關係。

從最初對原住民身分的抗拒，到後來的認同，美渝和英耀兩人都經
過很大的掙扎。美渝說：

> ……就是慢慢的覺醒到，你就是原住民，你沒有辦法去掩
> 蓋事實，除非你跳到另一個國家說，我不是臺灣人，那也就算
> 了。所以你在整個環境下，原住民就是原住民，你沒有辦法去
> 掩藏。你沒有辦法像麥克傑克遜，你把他漂白，人家還是知道
> 你是黑人。所以，那個是很難隱瞞的。所以，慢慢長大，就發
> 現，我們文化流失的現象非常嚴重。像我自己可能可以背四
> 書、論語，可是，我們原住民，因為很多都是沒有文字的，都
> 是用口傳，以前又沒有錄音機，所以，口傳一定會有閃失，就
> 會 miss 掉很多東西。現在我們才要去找回那些東西，也很慢，
> 因為那一群很了解文化的老先生們，也都走了。現在我們慢慢
> 覺醒，似乎有一點點慢……

英耀的原住民身分認同從擔任人父、教師開始，尤其在接觸原住民
學生，激起他作為一個原住民的使命感。他說：

　　這也是經過很大的掙扎，後來才眞的覺得，身爲一個族群的一種使命，就是因爲這樣子，才會讓人家看成二等國民、三等國民！因爲一種責任感的突然覺悟，覺得只有當原住民才可以救那些人，而且又因爲開始有自己的孩子之後，我的孩子還是原住民啊！我今天逃避，我的孩子還要繼續讓他逃避嗎？所以慢慢地有那樣的覺悟……教書之後，接觸了原住民的學生，很難拒絕。可是心理上的那種……，還是有，並不是完完全全的認同，還是有那種：我的族群爲什麼是被人家這樣看的、被人家這樣界定的、我的族群的表現怎麼會是這麼低劣，我們會用不同的角度去看。

　　「認同」（identity）對於社會結構中的劣勢族群而言，是一個奮力掙扎的過程。儘管以上訪談是十五年前資料，現在年輕人在求學與生存歷程的族群認同掙扎依然存在，只是樣貌不同罷了。謝世忠（1987）考究族群接觸與族群地位變遷的過程，以「汙名化的認同」（stigmatized identity）說明臺灣原住民族存在的強烈認同汙名感，即對一些漢人所認爲原住民的負面特質，也被原住民自己本身所承認，認爲自己的族群文化是負面、不光彩的。

　　「認同」跟聲音（voice）有關。公眾是否能夠肯認不同聲音的「價值」，影響著「聲音」（voice）能否「發出」、發出後能否被「聽見」、「聽見」後能否被重視與「肯認」（recognition）。自我認同（self-identity）絕非僅只個人性的問題，因爲人的認同與他人的互動、對話有關，是在公眾肯認（recognition）與否的脈絡下發展──自身文

化若能受到他人的肯定，則能強化認同；反之，個人可能處於認同掙扎中。

（一）哪些家長的聲音被聽見？

隨著90年代教育「鬆綁」與「開放」的趨勢，例如：學校自主管理、評鑑、學校本位課程發展、開放教科書市場、多元入學管道、家長參與學校決策等，使臺灣逐漸走向教育市場化。姑且不論其優劣，傳統「唯有讀書高」的價值與父母親「望子成龍、望女成鳳」的期待，並未隨著制度的開放與彈性稍歇，尤其當家長會的權力在學校決策的重要性提高之時，我們要思考的是教育市場化下的校園民主與平等問題，例如：在決策過程中，哪些「家長」的聲音被聽見？

學校中選出的「家長代表」往往是社會上「有頭有臉」的人，他們的意見可以代表「家長聲音」，甚至可以指引學校的發展方向。其他學歷不高、勞動階級、或沒有漂亮頭銜的家長；為生計忙得焦頭爛額、自顧不暇的「家長」，往往成為不被聽見的聲音。

偶然間看到《臺灣醒報》（2017年6月2-4日）二版頭條「上課始能審議教材？家長團體反對」，副標為「發起家長審議性平教材的多位家長團體受訪時反對說，教育部可自行選擇具專業能力的家長加入，如律師或醫師等。」

文中引用全國家長聯盟理事長陳鐵虎的說法，「家長雖不是樣樣精通，但家長也有律師、醫師等專業素養高的人，教育單位在選擇家長代表加入審議性平教材時，就可選擇具說服力、一定專業程度的家長加入。」其中也訪問臺北市國小學生家長聯合會總會長吳宜倫的說法，

「多元社會……除了性平專家的意見外，也需要家長的相關意見，藉以達成共識……」。

　　假如記者忠實呈現前述兩位家長的發言要旨，在這樣的基礎上，我們可以思考：是否「菁英家長」將愈來愈掌握學生的學習內容？具法律或醫學「專業」能力的家長，就可以推論他們也能是「性別教育」專家？試想，如果一位教育學教授指導醫師如何開出更好的刀，以更符合「多元社會」的期待，「藉以達成共識」，不知醫師作何感想？

【二】 尋找「被緘默」的家長聲音

　　有些菁英家長對性教育的想像，就如已故作家林奕含在《房思琪的初戀樂園》書中提到「在飯桌上，思琪用麵包塗奶油的口氣對媽媽說：『我們的家教好像什麼都有，就是沒有性教育。』」「媽媽詫異地看著她，回答：『什麼性教育？性教育是給那些需要性的人。所謂教育不就是這樣嗎？』」

　　「家長代表」想像著孩子需要什麼樣的教育、不需要什麼樣的教育內容，著重孩子能否有很好的「發展」。對於勞動階級的家長而言，學校能夠提供解決問題良方，可能是更實際的，但他們可能沒有機會發言、沒有機會參與；就算能夠參與，聲音也顯得特別微弱，因為或許沒有人在意她／他說了什麼。

　　許多教育現場教師面對的家長、學生卻是五花八門，每年暑假結束前的墮胎潮、未婚懷孕、校園性霸凌、同志霸凌問題，都與懸缺的性與性別教育有關。倘若整個教育只為菁英家長對教育的想像服務，不但不符合公平正義，也違反聯合國教科文組織（UNESCO）「全民教育」

（Education for All）的意旨。

囯 我們能真實面對問題嗎？

　　林懷民先生在 2004 年成立的〈流浪者計劃〉，起因於他 1972 年自身的流浪經驗。第一站，就飛到了阿姆斯特丹，荷蘭的首都，世界有名的「毒都」。在機場的大看板下，他定住了！那巨幅的看板提供了各種資訊：「如果你想找住的地方，可以到○○；如果你有性病，可以聯絡○○；如果你有墮胎的問題，可以找○○；如果你吸毒出了問題，可以打○○電話。」既震撼又感動。「這個城市，它『面對』它的問題，堂皇光明地告訴你，如何處理這些問題。」

　　學校課程、制度、教學，通常使用的是中上階級學生習用的語言，即英國教育社會學大師 B. Bernstein 所談的「精緻符碼」，高度抽象化、高文化（high culture）的言語表達方式，非勞動階級孩子所能理解領會；或者是功績主義（meritocracy），只談成績、未來成就，與生活沒什麼連結，對勞動階級而言，他／她學不到生活直接所需的能力。

　　不少社工師、心理師朋友談到，當她／他們處理青少年學生問題時，看到的、聽到的是更多勞動階級家長的無聲吶喊。我在高職夜間部任教時也有類似的觀察，因為我們的教育歷程很少看到勞動階級孩子的需求，包含生活、生存的能力、街頭智慧（streetwise）等實際能力的培養，在只看到成績、績效表現的課堂中，也難怪學生只能無聊的製造「事件」，最後因而成為大家想像的「問題」（例如：不交作業、霸凌、學力低落、性行為等）——菁英階級主流社會所定義的「問題」。

　　「誰的聲音能夠被聽見」攸關社會公平議題，必須連結到社會關係

及隱藏在教育底層權力與控制問題。如何讓被緘默或不被聽見的家長聲音被聽見？如何眞實回應所有學生的需求，都是教育要往前必須思考的問題。

二│聽見聲音

　　那麼，我們如何能夠聽見「說不出口」或者即使說出口，但不被「聽到」的聲音呢？英國學者 Madeleine Arnot 使用「社會音學」（social acoustics）的概念檢視學校教育。「社會音學」的兩個主要概念，一為「社會」，另一為「音學」。前者說明教育不能單獨脫離社會脈絡環境來看，因為學校就在社會裡面；後者強調聲音本身並非同質、同量，例如：在戲劇或音樂表演中，即使不同演員或樂器的音質不同，有時大有時小、有的強有的弱，這些聲音都必須確保被清楚聽見。綜合兩者，「社會音學」說明社會上不同性別、階級、族群或能力背景的學生，他／她們在學校環境中的聲音大小與質量受到社會條件的影響，需要我們特別去關注，才能讓那些因社會因素而「出不來的聲音」或「聽不到的聲音」，可以透過別的方式被聽見。

　　能夠被聽見，才能夠有所作為，也才能產生改變的契機。舉例來說，一些聲音較輕柔的男學生，會不會因為害怕一開口就被其他同學嘲笑，因而減少自己意見表達的機會？我在 2005 年進行田野研究時，一位原住民教師說，他念大學時很擔心被「識破」原住民身分，因此儘量不說話，也不表達任何意見。學校的社會壓力是否為他們不想開口或不表達意見的原因？

　　主流化的學校評鑑，也會影響著「哪些聲音被聽見？」澳州的研究發現，若把學生聲音當成一種評鑑工具，會有一種風險，那就是只有那些好學生的聲音能夠出的來，尤其在壓制性的論述與上下位階階層化鮮明的學校管理文化中（Holdsworth and Thomson, 2002）。換言之，哪些

學生聲音被聽見與學校文化有關，雖然學校許多活動標榜民主平等的學習，但大部分仍是一種很薄（thin）的民主概念，預設學生的同質性，對於種族／族群、性別與階級的差異和影響視而不見，Holdsworth 與 Thomson（ibid.）認為這樣的學習環境僅有利於社會條件較好的學生。筆者以前教書時，曾遇到一次學校評鑑。由於校方擔心學校評鑑成績不好看，因此在上級單位到校評鑑之前，就先「教育」學生對方可能會問什麼問題，學生應該如何回答。在這種情況下，「學生的聲音」可能成為校方與上級單位期待的樣子，出來的聲音可能是公認的好學生應俱足的規範與回答。

美國學者 bell hooks（2009，劉美慧主譯）也提出「**交融教育學**」（engaged pedagogy）作為出口。hooks 也認為學生的聲音不應等量視之，「因為種族、性別與階級特權很明顯的使某些學生增能，賦予某些學生發聲的權威」（頁 178），她強調在教室中創造學習社群，在其中，每個人的聲音都能夠被聽見，他們的存在都能被承認與珍視。

交融教育學強調學生的經驗和聲音，重視學生的表達、教師與學習者的投入與參與，讓在其中的每個人都能夠學習，不管她／他的性別、族群、階級等；這樣一來，教育就可以是一種自由的實踐。交融教育學中，教師角色不同於以往，**教師必須先放掉作為教師的權威**，「當我們鼓勵學生冒險時，倘若我們拒絕示弱，增能將無由產生」（ibid., 21）。實施交融教育學並不容易，不只是內外在學習環境的轉化，學生還要對自己的行動負責；教師必須學習在多元文化的情境中，接受不同的認知方式，了解不同群體的文化符碼。

「誰的聲音能夠被聽見」攸關社會公平與正義議題，必須連結到社會關係及隱藏在教育底層的權力與控制問題。Arnot 從社會音學的概

念，闡明「學校的社會音學」必須**讓大大小小、形形色色的聲音都清楚被聽見。然而，更困難的具體問題是：該怎麼聽？要聽什麼？**Arnot 與 Reay（2007）認為，要先區別學校內四種不同的言談模式，分析每個模式的社會符碼、權力關係與社會文化意涵，以解構「聲音」的迷思，同時如何讓不同學生的聲音被聽見。我分別說明如下：

（一）教室言談（classroom talk）

指教師及教學所使用的溝通及語言符碼形式，這是教育傳統上被期待使用的**精緻語言**符碼及溝通能力。例如：教科書內容或教師可能習於（也被期待）用中上階級習以為常的精緻語言或主流思考方式說明某些概念，或成為與學生溝通的言語媒介。教室言談本身就是一種囊括／排除（include/exclude）的過程，無形中把非習於精緻語言與非主流思考模式的勞動階級、非主流族群學生排除在外，因此「教室言談」在臺灣的情況為何？如何進行？「教室言談」中哪些聲音可能被邊陲化？其間的社會文化意涵為何等？都值得深究。

（二）科目言談（subject talk）

指學生的社會文化背景（包含社會階級、種族／族群與性別等），以及對特定科目的能力與理解有關；換言之，社會文化因素成為學生學習能力差距的重要中介變項。舉例來說，傅麗玉（2003）研究臺灣九年一貫課程「自然與生活科技」領域和原住民生活經驗，認為臺灣原住民生活經驗與主流社會的差異，使得在科目知識的理解上產生落差。因

此，要能更細緻聽見不同社會文化背景的學生聲音，從教材教法、課程發展或師資培育，都應重新檢視轉化。

（三） 認同言談（identity talk）

認同言談與社會身分認同有關，通常發生在同儕次文化之間的詼諧式談話及閒聊之間，因此大部分發生在校園之外。若在校內，學生會以認同言談的方式，補足在校內學習上的挫折、失意、被漠視或隔離的感覺，以及非支持性的師生關係。換言之，學生同儕之間的談話，可能是了解學生聲音的一個途徑，但教師必須能夠先了解學生的社會身分與戲謔言語之間的關係，才能聽得出其間的關聯性。

（四） 符碼言談（code talk）

Arnot 認為若要了解社會不平等對學習的影響，就要研究更多的符碼言談，符碼言談是潛藏在教學底層的權力與控制關係。既然在底層，教師們如何去看見或了解呢？具體操作上，可以使用社會上一般的分群方式（例如：男／女、上流社會／中產階級／勞動階級、閩南／客家／外省／原住民等），檢視權力與控制如何形塑不同社會背景學生的學習及其學習經驗。換言之，必須了解學習的社會條件如何影響學生的學習狀態。例如：教師可以讓學生自己去描述作為一個學習者的感覺、教室內排除與囊括的過程、篩選或評量等過程中學生自主程度等。透過學生對學校教育種種規定的描述，方能理解與「聲音」相關的權力、規範與控制。這樣的過程有助於學校或教師營造一個不管有聲或無聲的聲

音，都能被理解的環境，也就是一個友善學生的校園。

Arnot 提供一個具體作法，或可作為參考。Arnot 與 Reay 在英國的學校研究過程中，也在思考如何聽到所有的聲音。某一天，幾個社會條件相對弱勢的學生建議她們在教室內放一個箱子，學生們就可寫上她／他們的想法，投到箱子內，以彌補口語表達上可能的不足。考慮到文字上的運用對一些學生可能仍有困難，以致難以充分達到教室溝通的目的，後來她們設計一份簡單的量表，讓學生直接圈選出她／他們的感覺，例如：「我覺得課程進行速度」，選項由太慢（1）至太快（5），用這種方式取得平常不被聽見的聲音，做到盡可能聽到學校所有的聲音，也就是所謂的「集體聲音」（collective voice），而非僅某些特定學生的聲音。

臺灣的社經脈絡不盡然與英國相同，在採集學生聲音時，或許可有不同的作法。當然在這過程中，更重要的是教師的反思能力，否則就像一個滿水的杯子，倒再多的水進去，還是流了出來。如 Foster（1997）所言，教師要經常去審視自己不經意的偏見，對於社會經濟背景較低、不同性別、族群，甚至不同能力的學生的影響，否則再多的教育政策及措施，也無法改變什麼。

三｜聲音（voice）的教育民主權

我們談學校的社會音學，其實就是一種「教育民主權」的概念，以此建立一個民主化的學校教育社群。臺灣的民主平等概念往往跟政治連在一起，事實上，社會權的平等概念深入西方許多社會之中。一個教室即為一個小社會，了解教室民主的意涵，有助於教師或學校增加聽見不同聲音的能力。以下將簡要說明英國教育社會學大師伯恩斯坦（Basil Bernstein）在 2000 年提出的三個「教育民主權」（pedagogic democratic rights），包括增益權、涵容權與參與權。教師、教育行政人員或學者，可依此檢視自己的教室、學校或教育界教育民主的程度。

（一）增益權（enhancement）

增益權屬於個人層次的權利，指學生有被理解，進而增益其能力的權利。教師或教育行政人員應能夠透過批判性的思考，理解不同背景的學生在學校中的社會情境，才能知道如何增加學生自信與學習。**伯恩斯坦（Bernstein）認為沒有增益權，學生可能難以發展個人的自信與學習，進而去行動。**在「學生聲音」研究的實際操作上，教師可以先思考「好的學習者定義為何？」這些定義在多元文化教育脈絡下來看，呈現出什麼價值？學生作為一個學習者，如何看待自己？成功學習者的要件是什麼？等。重新反思，才能開啟改變的可能性。

㊁ 涵容權（inclusion）

這是學生在社會層次的權利，指涉學生有被涵容／納入（being included）於學校、社會上的權利。這裡的「涵容」不僅是優勢族群或主流群體在心理層次上對於弱勢或邊緣的「涵容」，更包括智識上（intellectual）與文化層面的部分，如何讓主流社會的知識加入弱勢或邊緣的觀點，甚至進一步由弱勢或邊緣出發，鬆動主流知識及文化結構，讓社會能多元並重。將「涵容權」的概念連結到學習層面時，教師必須探求哪些學生何以在教學上得到較多關注，其社會位置（social position）與條件為何？教室內是否存在社會平等相關問題。

㊂ 參與權（participation）

這是學生在政治層次的權利。當我們講到「政治」時，是指一切與權力關係（power relations）相關的討論，包含學校的權力結構、教室中師—生、生—生之間權力關係等。例如：學生如何參與教室秩序形成的過程、教與學如何被組織化的過程、學生被分群的過程、學校各種倫理秩序的規則等，這是屬於公民論述的層次。報載「宜蘭高中男生制服基於性平不再繡姓名」，走過七十多年，宜蘭高中高一新生的制服上，學生姓名不再出現，實現男女平權。在臺北，男女混校如師大附中，去年已修改服儀規定，不分男女，學生制服都不再繡姓名（2019-09-06 23:59《聯合報》／記者羅建旺、魏莨伊／連線報導），這就是參與權的一部分。將參與權的概念連結到學習層面時，教師應要思考的問題，例如：誰控制了學習過程？學生能有多少的權力控制教學的速度、

次序及評量要件？尤其許多臺灣教師常提到因為上課時間不足，以致於每堂都在「趕課」，「趕課」的學生參與權問題，也值得深思。

教育民主權體現在多元文化教育的內涵之中。Banks（2001）認為多元文化教育的主要目標是藉由改變教學與學習的方式，讓來自不同文化背景、族群、語言、性別的人，在教育機構中能有公平的學習機會。也就是說教育方案與課程被概念化的方式、被組織的方式與被教的方式，都要改變，必須被轉化。面對學生日益多元的背景，hooks（2009，劉美慧譯）提出對多元文化教學的批判與建議。她認為教師僅將多元文化納入課程，而不去探討族群、性別與階級的議題，不去質問日常生活中內化的偏見與歧視，僅在彰顯自己未帶有偏見，只是一種表面功夫。

教育研究不能只研究學校本身，而要以「大圖像」的觀念，重新看待學校與社會的關係，重新檢視社會權力關係，包括性別、階級、族群及區域性等因素，如何影響教學歷程與教育實踐。教育場域雖然某種程度反映或加劇社會關係或社會事實，它同時也可以是反轉的場域，因此教育社會學可以作為解放社會學（emancipatory sociology）的重要一環。學校是廣大社會的縮影，學生來自不同社會背景，使得教室內學生聲音呈現多元紛雜，其間充斥著各種競逐的聲音，有的大聲、有的小聲、有的容易被聽見、有的到嘴邊就不見了，因此教師應能夠反思教室內的各種溝通方式，試著用不同的方式，跟不同的學生對話，讓所有的聲音被聽見。關注教室生活學習過程中的社會面向，方能提高教室社會弱勢者的學習效果，彰顯教育上的民主與正義。

第二課

觀看性別

（四歲的陳好蓁 Erika 畫作）

「性別」（gender）不被「看見」或被預設成「不存在」，跟主流社會的預設、跟父權體制（patriarchy）有關。父權體制指涉一種由男性支配（male-dominated）、男性特別能夠被看見（male-identified）和男性中心（male-centred）的社會文化型態，呈顯在日常生活、政治、經濟、司法、教育、軍事體制或家庭內部（Johnson, 1997；成令方等譯，2008）。

　　結構上主流優勢的大多數人除了「聽不見」弱勢的聲音，可能也「看不到」結構弱勢者的存在，或者以為「平等」或「中立」（neutral）的制度或政策，事實上隱含著歧視的議題。舉例來說，2020 年立法院三讀通過修正《老人福利法》，其中將第 41 條原本扶養義務之人只有「直系血親卑親屬」，擴大納入「配偶」成為「負照顧義務之人」。這個條文看似「性別中立」（gender-neutral），但如果把「老年貧窮化」、「貧窮女性化」，以及女性平均壽命高於男性（男性 77.5 歲、女性 84.0 歲）的因素考慮進來，可以發現這個修正條文，對女性的不利影響可能大過於男性，這就是看似性別中立的政策卻可能產生性別不平等的效果。以下作者先從小學生的性別文化談起，接著進入「男女大不同」論述的問題，最後進入性別教育政策的觀看方式。

一｜小學生的性別文化

　　一般的小學、一樣充滿聲音的早晨，一群男學生故意跑到女學生面前，有禮貌地問早，「早安 99，morning nine nine（摸妳奶奶）」，然後很曖昧的露出猙獰的笑容。震驚全國的塑化劑事件，也讓小學生產生許多創意發想：「你一定塑化劑吃很多，變玻璃了！」十年前小學生的性／別笑話，充斥於日常生活與同儕次文化之中，隨機發生。學生藉由媒體與生活中得到的資訊，自行聯想創發，用自己創造的語言或順口溜，滿足性／別上的想像，或者藉此增加同性間的友誼。新北市國小老師小林整理了許多小學生常用的性／別語言，筆者摘要如下：

1. 吃午餐時，男生跟女生說等一下男生每個人都可以吃兩顆貢丸，女生說憑什麼？男生說憑我們有妳們沒有的。（貢丸暗指睪丸）

2. 男學生自己改編三字經的順口溜：「人之初性變態，妳洗澡我偷看，看到兩顆原子彈，請妳讓我摸摸看。」（他們喜歡一群人對著女生表演，然後訕笑，女生就追著他們打，罵他們是一群死變態。）

3. 男學生之間互相調侃對方的順口溜：「你是我的偶像，嘔吐的對象，會飛的小象，欠扁的大象。」（「象」為男性生殖器的隱喻，男生之間以此互相調侃之後，很曖昧的笑成一團。）

4. 與數字諧音的性／別暗喻
   8177616（把你雞雞扭一扭）
   8177919（把你雞雞攬一攬）

5. 用「超級奶爸奶媽」，取笑胸部大的男生或女生，尤其是女生。許多女同學因此產生自卑，明明大熱天，女同學還是堅持要穿著外套跑步。

6. 小學高年級用的性／別髒話順口溜：「北京烤鴨讚讚讚，羚羊雞排靠邊站，你娘雞歪靠北幹」。

　小學生的性／別活動充斥在日常生活之中，遠遠超過家長的「想像」。家長們往往以為年幼孩童對性是一無所知的，也「應該」一無所知，就如純淨的白紙一樣，因此更不應該受任何「汙染」。然而，實際上呢？孩童並非對性知識那麼單純無知，他／她們並非是被動的接受者；反之，他／她們本身就是意義的創造者，性其實充斥滲透於許多孩童的學習環境中，包括教室與遊戲場所，也是孩童用來建構他／她們自己成為男孩或女孩的身分認同來源之一。英國的研究發現，小學生從遊戲中學習許多關於性與性別的事物，例如：扮家家酒其間的性別角色扮演、同儕之間談論誰跟誰去約會、誰被誰甩了等事情，或者一起責罵那些不符合性別特質的人等，性／別就在這點點滴滴之中逐漸形成鞏固。所有人都參與其中，包括孩童本身，孩童彼此相互學習，不僅彼此之間像警察般的監控（policing），還包括許多不同形式的策略來理解與發現關於性的知識。換言之，孩童並非對性知識那麼天真無邪與無知，性教育隨時隨地都在發生。

（一）打破孩童天真無邪／無知的迷思

英國作家 A. A. Milne 在 1926 年發行《小熊維尼》（*Winnie-the-*

Pooh）童話書，不僅深受英國人喜愛，其中故事主角噗噗維尼更成爲全世界知曉的可愛小熊。噗噗維尼與他的朋友們居住在森林裡，其中的每隻動物皆有其特性。噗噗維尼只有小小的腦袋，常做一些蠢事，一天到晚尋找他最愛的蜂蜜；兔子跟貓頭鷹是其中最有腦袋的，尤其貓頭鷹（Owl），是百畝森林中博學卻少一聞的老教授，個性溫和愛助人，自認博學，愛講古、講道理，大家卻聽得打瞌睡。儘管如此，小腦袋瓜的噗噗維尼經常求助於貓頭鷹，貓頭鷹也很熱心的提供他的建議與想法。

《學校與大學中沉默的性》（*Silenced Sexualities in Schools and Universities*）一書作者 Debbie Epstein, Sarah O'Flynn 與 David Telford，引用《小熊維尼》其中的一段出自〈老灰驢的尾巴掉了〉這個小故事的對話讓讀者思考。大意爲老灰驢掉了尾巴，非常難過，噗噗維尼決定幫忙找回尾巴。

> 「說到消息靈通，誰也比不上貓頭鷹的本事」，噗噗自言自語的說，「否則我的名字就不叫噗噗維尼了。」他又說：「可是我的確叫噗噗維尼，所以我就來找貓頭鷹了。」
>
> 　噗噗維尼找到了貓頭鷹，並問他如何可以找到尾巴。之後兩者的對話就更有趣了。
>
> 「這個嘛！」貓頭鷹說：「碰到這種事，一般的程序是照下面這樣做。」
>
> 「『一般的程序』是什麼意思？」噗噗說：「我是隻沒什麼頭腦的熊，聽不懂這麼長的句子。」
>
> 「意思是說『應該做的事』。」
>
> ***
>
> 「應該做的事情，包括第一，宣布懸賞，然後……」

　　維尼已經聽累了，於是閉著眼睛亂回答「是」或「不是」，後來他們走到門口，維尼驚然發現貓頭鷹家門口的門鈴拉繩就是老灰驢不小心丟掉的尾巴！不需要「一般的程序」，也不用做任何「應該做的事」，噗噗維尼就找到了老灰驢的尾巴。作者們以可愛純真的噗噗維尼小熊與自以為上知天文、下知地理的貓頭鷹兩個角色，帶出觀看問題的另一個角度：社會如何看待其中的「小孩」？「小孩」真的那麼天真無邪與無知？社會中「大人」與「小孩」的關係為何被決定？如何被決定？那青少年的性呢？

　　《學校與大學中沉默的性》（2003）一書，旨在說明規範性異性戀（normative heterosexuality）如何透過孩童無知的預設，在小學之中被維持與實施。儘管孩童被認為應該要什麼都不懂，尤其對性（sexuality），然而事實上，性（sexuality）充斥滲透於許多孩童的學習環境中，包括教室與遊戲場所。孩童用異性戀論述作為身分認同的來源，其中包括交朋友。性教育不僅存在於正式的學校課程，更透過社會學習的歷程，存在於學生文化（pupil cultures）之間。作者也特別指出，「性」不但鑲嵌於機構中，並在機構內生成。此外，「性」本身更是被性別化（gendered）、種族化（raced）與階級化（classed）。

　　作者先以一般人公認的常識「年幼孩童對性是一無所知的」加以破題，並解構這樣的常民式理解。在社會關係中，孩童被認為不會也不應該開始對性有一些了解，因為大人們害怕現在的小孩「長太快」或對於性知識「尚未準備好」。作者就引用英國保守黨教育官員 John Patten 在《每日郵報》（*Daily Mail*, 24 March, 1994）的談話：「尤其性知識，孩童不應該開始去了解，更遑論到了解的層次」，其實類似的講法，在主要的西方國家如英、美、紐、澳等盎格魯撒克遜為主的社會經常出

現。

　　然而，女性主義者、性教育者卻有不同的看法。她／他們認爲孩童天眞無邪（childhood innocence）的預設，只是爲了讓年幼孩童能夠繼續保持無知（ignorant），這樣一來，就可以更有藉口將孩童排除在權力之外，但這預設對孩童本身反而是相當危險的。舉例來說，孩童似乎沒有權利去拒絕大人對他們的親吻或接觸；想想有多少的小孩被要求跟別人親吻再見（kiss goodbye）。尤其當孩童天眞無邪（childhood innocence）的概念，被運用於兒童、青少年性虐待的處遇或呈現於媒體時，這概念本身將孩童轉化成一種毫無抵抗能力、可愛無知的可慾形式或對象，把孩童進一步推到更危險的邊緣。於此，作者引用 Stevi Jackson（1999）的論點，認爲孩童天眞無邪（childhood innocence）的意識形態是一種深層性別化的呈現。小「女孩」被異性戀化的同時，又被要求保有她們的天眞無邪；小「男孩」也被鑲嵌在異性戀的論述之中，不斷地被要求具備男子氣概，進而要強壯威武「像個男人」，慢慢「成爲」異性戀者，進入異性戀的主流社會。

孩童的性論述

　　孩童眞的對性一無所知？作者在第二部分接著就以「知曉的女孩、知曉的男孩：孩童的（異）性論述」爲題，反駁上述的迷思。作者認爲，孩童並非對性知識那麼單純無知，他／她們並非是被動的接受者；反之，他／她們本身就是意義的創造者，性其實充斥滲透於許多孩童的學習環境中，包括教室與遊戲場所，也是孩童用來建構他／她們自己成爲男孩或女孩的來源之一。遊戲中建構性／別的過程，例如：扮家家酒

其間的性別角色扮演、同儕之間談論誰跟誰去約會、誰被誰甩了等事情，或者一起責罵那些不符合性別特質的人等，性／別就在這點點滴滴之中逐漸形成鞏固。所有人都參與其中，包括孩童本身，孩童彼此相互學習，不僅彼此之間像警察般的監控（policing），還包括許多不同形式的策略來理解與發現關於性的知識。換言之，孩童並非對性知識那麼天真無邪與無知，只是在其次文化中，與大人理解和進行的方式不同罷了。

小學生經常使用「性」來區別並製造兩性對立，尤其是生理期、精子主要生理上的差異。這些討論對小學生而言其實是很尷尬的，因此男女孩卻從這樣的互虧言談先馳得點，以彰顯自己的能動性（agency）與能力。作者引用一段學生的對話：

> Selena：我們排隊要吃晚餐……我跑到他們（Ben 與 John）那邊，他們大聲地喊：「妳月經來了嗎？」他們真的喊的好大聲……當時好像幾乎每個人都在那裡，不是只有我們學生……
>
> Sarah：全校所有人都在那裡了。
>
> Lakbiah：那真令人尷尬！
>
> Selena：那真是尷尬極了……他們有時候還叫我衛生棉條小姐。
>
> Lakbiah：所以 Selena 就想到一個計劃，就是她故意走向他們，然後大聲說：「你們已經有『那個』嗎？」妳當時說什麼？
>
> Selena：你們算過精子數嗎？或是什麼東西的？

　　小學生次團體「流行樂團」（The Band）唱許多流行歌曲，尤其特別與愛、失戀及性相關的，也自己創作歌曲，例如：「實際點，你不需要他的」。雖然宣稱不喜歡辣妹合唱團（Spice Girls），「流行樂團」的表演卻相當大比例有著她們的影子，以彰顯女力（girl power）的意象。

　　孩童的嬉鬧打罵之間其實是高度異性戀化的，因此孩童之間對男孩、女孩的行為解讀與意義不同。作者引用 Bronwyn Davies（1993）的觀察指出，異性戀在不斷區別男性跟女性的過程當中，持續在孩童言談中被建構，即使只是小女孩向男孩借支筆；然而，倘若是男孩向女孩借筆，就不會這樣被解讀了。作者認為，男孩許多行為常被標籤為同性戀，一樣的行為由女孩來做，卻是異性戀的詮釋。作者以他在小學的田野研究為例，說明所有的理由都可能將男孩指認為男同志（gay），例如：跟女同學的感情特別好、用功的乖小孩、不喜歡足球或打鬥、穿錯球鞋、顯得有些緊張侷促不安等。

　　儘管如此，作者在文中也特別提醒讀者，不同文化背景的孩童，包括社會階級、族群、區域文化等，可能產生不同的性經驗，其差異何在？為什麼有這樣的差異？這些問題都必須被考慮進來。作者引用 Pallotta-Chiarolli（1999）的研究指出，許多國家的研究證據顯示出上述現象是跨國界的，非僅止於出現在白人盎格魯族群為主的學校。Deevia Bhana（2002）在南非族群混合的學校進行研究，也發現孩童以不同的方式在嬉戲與虐行中鋪陳異性戀論述，例如：女孩子會故意模仿表演那些暴力型男孩的攻擊性行為，表演這些男孩在音樂會上被女生掀裙子，作為一種抗拒。依 Bhana（2002）的分析，女孩子一般被社會賦予手無縛雞之力、害怕男孩的形象，但在遊戲表演中重新反轉這些形

象。

　　據此，作者批評那些道德傳統主義者有關太早教導孩童性知識將造成他／她們腐敗的說法，根本就是反教育。作者引用 Silin（1995）的看法說，現在的教育課程是沒有生命的、是失根的，阻礙孩童去探索自己的生活世界，只爲孩童帶來一種「幾近於死亡的寂靜」（deathly silence）。對於孩童本身而言，也因爲性教育（sexuality education）隨時隨地都在發生，孩童性教育的老師不僅是教師，而是同儕；不是規規矩矩坐在教室中聽講的正式課程內容，而是在嬉戲之中隨時出現的潛在課程，這樣的情況也成爲性／別教育作爲一門正式課程的侷限。

（三）友誼在性論述中的角色

　　在解釋孩童在性論述中的主動性後，作者在第三部分更深度細膩的說明同儕間的友誼，在異性戀形成過程中扮演的關鍵角色。作者以〈Playing out sexualities〉爲題，我的解讀其實有兩層意義。第一是字面上的意涵，孩童在嬉戲（play）過程中，將「性」玩出來（play out）；第二層是 play out 在英文辭彙表達中原本引申的意涵，依《劍橋進階字典》的解釋，play out 指涉一個情況發生然後隨其發展（when a situation plays out, it happens and develops）。「性」是孩童交朋友的方式與媒介之一，然而這過程是相當性別化的。作者在英國的學校做田野時驚訝地發現，進入嬉戲與言談之間的「性」對認同（identities）影響之強度與密度之大，同性或異性情誼才得以形成，例如：一些小團體的組成往往與性相關，像「特別的朋友」（special friends）、「日記群」（diary group）、「流行樂團」（The Band）等，這些同儕次團體的運作方式

31

都與性強烈相關，對其成員的外顯與內隱的規則亦是如此。

舉例來說，「日記群」（diary group）會定期於午餐與遊戲時間，在學校遊樂場碰面，討論朋友、男朋友與青春期相關的事情。慢慢的，他／她們發展出一種會議的模式，先決定出共同的主題，接著每個成員可以問一個問題，而其他人都必須回答。討論主題都與性相關，從月經、喜歡的男生、喜歡的同學、老師或其他構成慾望對象的公眾人物等。「最好的朋友」（best friends）則常聚在一起抱怨男生的劈腿行為，作為凝聚群體的一種策略。有趣的是，男孩之間的同性情誼似乎被強烈地假設不存在，不然就被視為同性戀的初期癥候。但在作者的研究之中，男孩情誼的確存在，而且也是透過異性戀論述的鋪陳，強化鞏固友誼，例如：故意將女孩拒於門外，不讓她加入，或者以厭女論述作為話題的主軸。

較少出現的次團體型態反而是橫跨不同性別的團體，這樣的團體當然是透過異性戀論述來強化之間的友誼。以作者的田野資料來說，Morgan 及 Michael 為某團體的靈魂人物，也是男女朋友關係，不像許多孩童，雖然經常談「約會」，但事實上可能不曾真正發生過，Morgan 及 Michael 卻經常黏在一起，也將彼此視為最愛的甜心。假如 Morgan 跟別的男孩子玩，Michael 還會難過的哭。這團體成員一起玩的遊戲，是想像異性戀家庭的模式，由 Morgan 當母親、Michael 當父親，其他則依其性別角色扮演姪子、姪女、醫生、老師、社工等。綜上所述，我們可看出所有的孩童次團體都以異性戀論述的布署，來製造與強化彼此之間的友誼，異性戀因此在所有的學校中被自然化（naturalised），這樣的情況不僅出現在英國，在美國、澳洲、南非都出現類似結論的田野研究結果。

在友誼團體中，哪一種學生負責在其中搭起、傳達或再現有關性的訊息討論呢？這涉及到性別、族群與階級的面向。作者引用 Davis（1999）於美國某中學六至八年級的研究指出，其實中學男生並非如想像中的那麼性興奮，只是在建構男子氣概與性「他者」時，顯得特別活躍。我摘錄翻譯其中一小段 Davis 的文字，或許更爲清楚。

……學校文化是很清楚的異性戀與規範性，在其中，男孩被期待並鼓勵要對女孩子充滿興趣，並抗拒那些看起來非男孩應有的特性與行爲。黑人男孩在中學裡尤其比他們白人男同學有著更沉重的負擔，那就是擔任性議題的觸發與傳遞的角色。（Davis, 1999: 52）

雖然黑人男孩負責重要的性討論之觸發與傳遞角色，但其中任一個學生都被建構爲對性顯得相當自信的狀態。例如：之前提到的 Morgan 與 Michael 的浪漫愛，特別是 Morgan 被再現爲在班級中不管是男同學或女同學眼中女性特質欲想的完美呈現。尤其她那麼滿足於與 Michael 的浪漫情緣，Morgan 與 Michael 的關係更成爲眾人的焦點，在群體中產生一定程度的舒緩作用，其他同學（特別是女生）就可因此免除形塑自己必須對異性充滿興趣的壓力，儘管她們也談男生或男朋友，但也能與性相關的活動保持距離。雖然羨慕 Morgan 與 Michael 的浪漫愛情，班上的同學卻不想太早進入這樣的關係中，而是透過 Morgan 與 Michael 關係的討論作爲一個窗口，了解異性戀中的位置與互動關係罷了。

　　性話題是孩童交朋友的媒介，然而這過程是相當性別化的。此外，族群會被凸顯出來，同時也是充滿階級意涵的。因此作者特別強調，我們不能光看「性」這個面向本身，而要跟社會差異（social differences）一起來看。多樣（diversity）當然是好，但我們必須了解多樣不僅僅是「差異」而已，更有權力（power）運作其中，例如：「性」如何被解讀、被經驗與被生產，都與權力相關。所以在前述友誼與性的討論中，我們應該還要去看在友誼的脈絡中，社會差異如何彼此形塑與被形塑。「差異」在脈絡之內發生，以複雜的不平等模式，透過權力與抗拒被建構出來的。所以，孩童是透過許多不同的認同與社會定位（social positioning）被生產與自我生產。作者舉具體的例子說明，例如：黑人男性呈現出來的超性化（hyper-sexualized）意象，可能提供黑人男孩一種異性戀可慾性的權力，但同時也置他們自己於另一種危險、麻煩、不受歡迎，在學校則是低成就的窠臼之中。另一個例子像白人 Morgan 的異性戀吸引力，則讓她成為慾望與羨慕的對象。

　　日前臺灣的「反對同志教育」事件，映照出我們社會對於小學生作為性主體的恐懼與擔憂，這種恐懼與擔憂反應出大人對於「兒童的性」的無知與想像，底層則是盤根錯節的父權意識形態。反對同志教育人士普遍認為國中小階段尚未發展成熟，且為同性群友期及同性密友期，不宜談論「性傾向」；他／她也認為「性別認同」涉及個人的選擇，且受到個人家庭倫理信念、宗教信仰、價值體系與社會期待的影響及形塑，不適合由學校課程來統一「教導」。這樣過度簡化的立論，有許多值得斟酌之處。

　　首先，在媒體高度發達的臺灣社會中，國中小階段的孩童與青少年每天從媒體、網路與人際網絡關係，相當容易習得主流社會的性／別資

訊與論述，這些主流異性戀中心的概念也不經意的出現在孩童與青少年的口語及行動操演之中，例如：前述的性／別笑話或順口溜。小學生的性／別笑話呈現出與主流社會一致的「恐同」傾向，因此小學生次文化間很討厭「娘炮」，這些陰柔氣質的男同學很容易成為被欺負的對象。因此，性別教育中若不談「性傾向」，就如掩耳盜鈴、蒙上眼睛，就以為看不見，摀住耳朵，就以為聽不到，但這些影像、聲音，卻依然存在。英國在 1999 年 9 月修訂的「性與關係教育」即在多元文化教育內涵架構下，納入不同性別、族群、性傾向或能力的學生不同的需求，培養學生慢慢具備獨立面對與處理問題的能力，希望學童在進入下一個生理階段之前，就能具備相關知識，準備好即將來臨的生理變化。大社會對孩童性知識的影響，遠大於學校教育所能及，當然不可能由學校「統一」教導，況且課程的教導與詮釋權在授課老師手裡，學校的性別教育教導依然為主流社會異性戀中心主導的模式，此在第二點有更多的說明。

　　第二，如羅蘭・巴特（Roland Barthes, 1915-1980）在 1976 年「作者已死」（the death of the author）的宣稱，只要文本一旦被發表或呈現出來，讀者會以其文化脈絡及思考，創造讀者自己的意義，即讀者本身的創造性。同樣的，一旦政策文本出去，詮釋權則在解讀政策的讀者手中。筆者在進行性別教育政策詮釋研究時，發現教師們對性別教育的詮釋，跟原本政策內容，存在著某種程度的落差。筆者問：「妳／你覺得性別教育是什麼？」幾乎每一位老師都回答「尊重」。當我進一步了解所謂的「尊重」指涉為何時，可以發現許多教師用衛教的性教育，來理解性別教育。首先，基於「人權」的尊重，二為生物決定論（biological determinism），即為尊重「男女有別」的「天生」差異。教師們認為出

於「人皆生而平等」的民主普世價值，對每個人應尊重，但性別平等成為人權的一部分，因此教師認為只要談人權，不需談性別，因為人權就包括女權。生物決定論即一種「本質論」（essentialism）的觀點，認為男女性的差異本來就在，而這樣的差異被認為是普遍的、自然的，而且是生物性的差異而發生的。這些性別詮釋也影響教師們對性別教育內涵的看法與作法。許多老師認為性別教育是教導學生如何「尊重」、「和諧」及「了解男女不同」，因此她／他們解讀性別教育為人權教育、是兩性均衡教育、是性教育，但不能講同性戀，且不能包含女性主義。

筆者的學校田野研究也發現，男女有別與性教育詮釋角度使同志議題較少出現在各校性別教育活動中，更是許多教育人員不願碰觸的議題。一方面，教師認為中學生同性傾向是「假性同性戀」，只要過了某階段就會「好了」；另一方面，他／她們也擔心在校園談同志議題可能引起家長的反彈。因此，校方對同志議題的態度不是視而不見，就是一股不可言說的恐同氛圍。試想：既然教師對性別教育產生不同於政策意旨的詮釋方式，那麼小學生就會對教師的「性／別教導」照單全收嗎？學生們又如何去理解性別教育呢？甚至如何在日常生活中「做性別」（doing gender）？或者如何去理解「性」呢？

第三，英國的研究發現，小學孩童會主動去鋪陳並鞏固異性戀論述。小學生經常使用「性」來區別並製造兩性對立，例如：生理期、精子等語彙常出現在口語言談之中，藉由此彰顯自己的能動性（agency）與能力，並贏得友誼。孩童的嬉鬧打鬧之間其實是高度異性戀化的，最具體的例子，像經常出現在校園中的性霸凌，透過語言、肢體或其他暴力，對他人的性別特徵、性別氣質、性傾向、性別認同，進行貶抑、攻擊或威脅行為。罵人「死 gay」、「娘炮」、「娘娘腔」、「男人

婆」，呈現中小學生如何透過言語或行動，來捍衛他／她們想像中「理想社會」的樣態。

校園中許多孩童次團體都以異性戀論述的布署，來製造與強化之間的友誼，異性戀因此在所有的學校中被自然化（naturalised），這樣的情況不僅出現於臺灣，在英國、美國、澳洲、南非都出現類似結論的田野研究結果。小「女孩」被異性戀化的同時，又被要求保有她們的天眞無邪；小「男孩」也被鑲嵌在異性戀的論述之中，不斷地被要求具備男子氣概，進而要強壯威武「像個男人」，慢慢「成爲」異性戀者，進入異性戀的主流社會。作者在結論還特別舉一個例子，即使出櫃的教師，在小學都會被學生解讀爲其實是異性戀者。作者先在課堂上說一位同志教師的故事，小學生立即性的反應是拒絕這樣的講法，然後想出任何可能異性戀的痕跡作爲證據，像曾經看到這老師跟某某小姐在一起之類的，就是要否認這樣的說法。

二｜男女大不同？揭開金星、火星的迷思

「男女大不同，因為女生來自於金星，而男生來自於火星」類似的論述，學校老師一定不陌生，它出現在許多教師研習、報章雜誌，甚至是自己不經意常講或深信的一句話。

(一) 男生數理能力「本來」就比較好？

大眾科學傳播力量之大，可能遠超過性別學家的想像。若在臺灣校園待一陣子，性別學術界可能驚訝於這樣的論述已經在學校教育中成為一種難以撼動的「定理」，其中還包括女生的語文、溝通能力天生就比男生強，男生的空間感、數理能力「本來」就比較好等。這樣的理念也造成學校性別不平等的主要源頭。

「先天」與「後天」（nature vs. nurture）之爭從來沒有止息，大家依然在各說各話，變成一種「信念之爭」，而非學術之辯。2008 年，在劍橋大學性別研究中心十週年慶研討會，她／他們用了三分之一的時段來討論這個基本問題，其中令人印象最深刻的是社會語言學領域非常重要的學者 Deborah Cameron 教授針對語言與性別的演講。她先說明早期出版界的自助指南書如何教導男女相處之道，接著大眾科學如何以「科學」之名，「用放大鏡去看顯微鏡才能看得到的東西」，最後從她語言學的專業說明實際的情況，可能不同於一般想當然耳的看法或觀察。

首先我想說明「科學」某種程度是可以被操弄的，再進入 Cameron 的論點。劍橋大學一直以來被認為是「科學」研究的翹楚，執各領域

研究牛耳，但在我跟一些博士生的閒聊中，讓我見識到許多「僞科學」的存在。一個朋友在研究細胞的過程中，發現同一個研究室的學長之前研究數據根本是造假，但這學長已拿到博士學位，且是同一個老師指導，在這種「政治情勢」下，他無法去推翻這個「結論」，陷入一種兩難的窘境。

有多少證據講多少話就是「科學」？就是「專業」？其中可能藏有更多不爲人知的政治層面考量，也就是跟權力關係有關。達爾文主義的再起，Cameron 認爲一方面跟外界許多對女性主義的誤解有關，起而反女性主義；另方面也是在這種不確定及充滿焦慮時代的一種反映。下面我整理她的主要論點，並特別點出性別教育層面可能要進一步思考的部分。

◯ 女生話就是比較多？

「女生話就是比較多」，「一群女人在一起就是嘰嘰喳喳」，類似的性別歧視刻板印象中外皆然。在 2006 年，由神經治療師所寫的《女性頭腦》（*The Female Brain*）一書指出女生一天平均說兩萬個字，而男生一天只說七千個字。這樣的說法引來報紙的大幅報導。

Cameron 先反駁這樣的說法是沒有證據的，而且也沒有人能夠算出男人跟女人平均說多少話，因爲個人及脈絡環境的變數太大。舉例來說，在一些階層很明顯且有特定討論標的之情況下，像正式會議、小型討論會及心理學實驗情境，通常男性講話比女性多太多；在一些非正式場合、階層性不明顯的情境下，女生、男生講話就差不多。事實上，在五十六個有關性別與話語量的不同研究中，只有兩個研究結果呈現女性

說話較多的情況。

90 年代，一些男女關係之類的自助守則書成為出版界寵兒。這些作者利用「治療」及「個人成長」的語彙，協助人們如何去改善與異性的關係。他們認為男女不應該去試著改變彼此，而是學著接受彼此的不同。尤其像《男女大不同》這些標榜「大眾科學」的書籍，更是大舉「科學」旗幟，以達爾文主義進化論來說明男性跟女性之間的差異是天生且難以撼動的，因為這差異源自於我們從遠古時代就繼承而來的基因。

進化論者認為適者生存，女生的責任是擇偶以生出優良基因的下一代，然後撫育他／她們。慢慢的，女生的腦天生就有一種「同情體恤」的基因，而口語、溝通、傾聽、維持及製造關係等能力則是「同情體恤」的副產品；男生因負責打獵及作戰，領導統御能力、系統化能力因此而發展。

Cameron 認為進化論的說法有幾個問題。第一，倘若這樣的特徵是與生俱來的，那在不同的文化脈絡與歷史階段，應呈現一致性，但事實上並沒有；第二，如果要用「現代的證據」來建構出早期人類的故事，那最好的證據應是從那些從沒受到文明影響的社會而來，而不是已發展國家。另外，女性所負責的採集工作，需要充分的植物辨識知識，難道就不是一種系統化的能力？

許多語言學研究呈現出來的男女差距實在小到不行，或者幾乎是零。但一些「科學家」卻用這微小的差距，乘著「理論」的翅膀來大作文章。她認為事實上性別與語言的相關研究，還要考量到許多地域性的因素，包括男女性的工作分配、她／他們所接受的教育、社會網絡及社會地位等。

「用放大鏡去看顯微鏡才能看得到的東西」，在科學論證上是站不

住腳的。但因它們造成的影響力，強化鞏固了性別差異，形成一種軟性本質主義（soft essentialism），此成為性別歧視的新理由，更在職場上產生雙重標準，已對我們的生存世界造成危害性的影響。

這在教育上產生「平等」的問題。由於老師對男學生口語能力期待較低，因此男生只要於此表現好一點點，就會受到許多的鼓勵；但女生表現好，只被視為理所當然；在數理科反之亦然。

三 我們所生存的父權體制

戳破火星、金星的迷思，發現其實我們都在地球，都在一套父權體制（patriarchy）運作下的社會生存。父權社會有一套預設的、不可逾越的性別秩序（gender order），那是性騷擾、性侵、誘姦相關性平事件的源頭，也因父權體制極力製造與鞏固「性別二分」，父權體制程度愈堅強的社會，「絕對異性戀」的社會愈不容動搖，堅持一夫一妻的「正常」完美家庭想像！Johnson 談到在父權體制的形塑過程中，會先將男／女視為截然不同的兩種人（例如：女被動／男主動的想像，或者女溫柔／男剛強自然本性的設定），然後製造出「性別二分」的謊言與假象。因為在擁護絕對異性戀的前提下，女人才能被當她者、異己般的控制，也才能逐漸形成並鞏固父權社會的運作。

層出不窮的性騷擾、誘姦等案件，跟反同、反性平有著一樣的源頭，只是內涵上有著部分差異。雖然性騷擾、誘姦案件並非一定是生理男性對生理女性，但依統計，仍以具權力的生理男性為主要加害人，生理女性或較不具陽剛氣質的生理男性較可能成為被害人。

性騷擾、誘姦的根源，則是在強化鞏固父權體制過程中，一則**異性**

戀男性被鼓勵用「女人」作為成功的標記，例如：同時能夠「把多少妹」、以三妻四妾或後宮嬪妃數千人，彰顯自己的男性權力與氣概。再者，父權體制製造出以男性支配、男性中心的權力結構，在這種結構下，性騷擾、性侵、誘姦是**權力的一種展現**，包含個人與機構性權力的組合與共同作用，對地位較低或較沒有權力者以性或性別為武器進行的行為表現，更是**父權社會下，男女之間權力不均等的一種性別歧視（sexism）呈現**。

然而，父權體制的鞏固，每個人皆參與其中。例如：一位自認為油麻菜籽命的老年女性，卻還是認為女孩子只要長的漂漂亮亮、「嫁」個好先生就好，因此將家中主要教育資源給男孩。婆婆媽媽，性別結構中的弱勢者，在權力結構中內化了既有價值，加入既有權力鞏固的行列之中。

教育，本身就是一個非常性別化（gendered）的行業，教育界或學校層出不窮的性別平等事件，也跟這樣的背景脈絡有關。在女性教師比例居多的中小學中，女性教師若不具性別意識，很容易就落入鞏固既有父權結構的角色之中。

（四）為何教育界能夠豢養「狼師」？

性別教育，在教育領域中一直處於邊陲或不受歡迎的位置，不管從1990 年代的濫觴到最近性別能否進入十二年國教討論過程中的種種阻力。臺灣性別教育的發展是一股由教育圍牆外而內的婦女運動，而非下而上的教師自覺草根性運動，才有機會將性別議題推進校園，這也是性別教育在校園的推展一直困難重重的歷史脈絡因素（謝小芩、李淑菁，

2008）。

臺灣性別教育的發展必須回溯到 1980 年代婦女運動的興起，婦女團體尤其抓住教育改革運動（1994-1996）的機會，將性別議題奮力切入教育領域中，並讓立法院在 1997 年 1 月通過《性侵害犯罪防治法》，規定各級中小學每學年至少有 4 小時以上的性侵害防治教育課程。2004年，立法院通過《性別教育平等法》，性別教育達成法制化的目標。

儘管立法通過了，儘管《性平法》的核心在於符合性平精神的教學、課程、學習環境等，尊重多元性別差異，消除性別歧視，但**各級學校及教育單位卻只把重點放在校園性侵害、性騷擾或性霸凌事件**的處理，**忽略性平事件的源頭，例如：性別素養的培養等，才是性別教育的基礎。**

換言之，對於校園性騷擾事件來說，校方不能只是「處理性騷擾事件」的本身而已。父權體制下權力關係的傾斜，例如：課程中對男子氣概（masculinity）與女子柔弱的建構及強化、處室辦公室資深男性老師自以為風趣的性別笑話等，日積月累成為校園霸凌、性霸凌與性騷擾最肥沃的「養分」，卻依然很少被關注。

（五）學校性平教育作了什麼？

許多教育人員認為自己「沒有性別歧視」，因此並不需要性別教育研習。一般認為性別教育「只是一種意識形態」，只是「接受」或「不接受」那麼簡單而已，當然不認為那是一門知識體系。因此，在性別教育研習場合，有些老師繼續低著頭改作業，裡面有些人「不想接受這『意識形態』」，有些人說「改一下觀念就好了，沒什麼好聽的」。性

別教育不是一種意識形態，那是一套由邊緣出發的理論與實踐，因此具有爭取平等的運動與改革特質，要能具備對行政、教學、課程、輔導與活動等加以重新檢視的能力，才能真正做到「友善校園」。不具性別意識，就無法具備檢視能力，「友善校園」也只能淪為口號。

根據《性平法》第 15 條規定，「教職員工之職前教育、新進人員培訓、在職進修及教育行政主管人員之儲訓課程，應納入性別平等教育之內容；其中師資培育之大學之教育專業課程，應有性別平等教育相關課程。」然而根據教育部之相關規定，「性別教育」僅被列為「選修」課程。民間團體統計 102 學年度全國 4000 多名師資培育生中僅 988 位同學修過性別相關課程，比率明顯過低。一旦教師職前培育的性別教育課程比率不到四分之一，如何期待基層教師具備性別素養，這也成為《性平法》難以落實的根源之一。

「歧視」是結構性的存在，存在於社會體系之中，而非由「心理感受到」來決定是否「有歧視」。妳／你可能感受不到「歧視」，但不代表「歧視」不存在，它存在於我們日常生活、存在於不具性別敏感度的制度設計或政策之中。尤其社會主流群體習於用「不足」、「低下」或「缺憾」的觀點看待非主流群體的差異性，包含非主流性別關係（例如：LGBTI 或單身、離婚、無性戀等）、勞動階級文化（例如：語言使用、教養方式等）與弱勢族群語言文化（例如：東南亞語言）等，無形中就產生歧視性的對待。就如 Allan Johnson 在《性別打結》（*The Gender Knot: Unraveling Our Patriarchal Legacy*）一書所言：

在有些情況下，對於性別歧視的「不了解」，就是伴隨性別支配而來的特權的一部分。男人在日常生活之中，不需去思考性別歧視如何影響著女人，就像白人不需要關心種族歧視的後果，以及上層階級不需要注意貧窮與中產階級的焦慮一般。「不了解」也是護衛男性特權很有效的一種方式，卻將喚醒意識和理解現實的苦差事留給女人……不論女人花了多少精力要男人去「了解」，通常都不會有多大的效果，除非男人們自己願意去理解……（《性別打結》，頁96）

另一部分是學校官僚體制習於包庇文化。就如一位性別史學者在 2017 年 9 月中山女中性騷擾事件被媒體揭露時，在社群網站的貼文「誰包庇袒護這位狼師？我們該如何教育孩子讓他們勇於拒絕、勇於揭露，不讓此事不斷重演？學者研究清代的檔案，發現不少族長為了『家醜不外揚』，包庇、私了姦案。家門、校譽，彷彿一座座巨大的牌坊！」

性騷擾／誘姦／反同／反性平，其實同源，那就是無所不在的父權體制。校園少了性別教育，少了對父權體制的檢視反思機會與能力，性騷擾、誘姦等性平案件只會更層出不窮，讓性平會窮於應付性平案件，也就離《性別平等教育法》立法精神愈來愈遠了。

三｜一個大圖像的性別教育觀看方式

　　國內許多研究指出，中小學教師普遍缺乏性別意識，因此成為性別教育必須要先解決的問題。本文嘗試從歷史及國際比較的角度，思考性別改革運動與教師的關係，重新審視教師在性別教育的角色，藉此更深層的理解國家、社會與政策的關聯性。雖與西方國家一樣，臺灣性別教育政策由婦女運動發起，但關鍵性的差異在於教師在歷史上的主動／被動角色，以及公民社會對性別平等的認知程度，這些教育實踐的脈絡性因素在某程度成為政策能否落實的關鍵。這篇文章主要目的是想把場景拉高、拉遠，從歷史、社會及國際比較的大圖像觀點，思索性別改革運動與教師的關係，重新審視臺灣教師在性別教育的角色。

　　常常，我們以為「她／他山之石，可以攻錯」，因此許多西方國家（尤其是美國、英國）的經驗及作法成為所謂的「圭臬」。這樣的問題在於每個國家有不同的歷史脈絡、政治文化氛圍及公民社會的內涵等，斷面擷取的結果，不僅讓自己更失望，可能也難以直搗問題核心，因而讓問題更複雜。不過，從另一個角度來看，從源頭觀照西方各國的發展脈絡與歷程，釐清發展的關鍵因素，將使臺灣目前性別教育的樣態更為清晰。

　　首先，我想先談在西方國家，教師在性別教育改革所扮演的角色。在北歐各國、澳洲、紐西蘭、英國、美國等西方國家，婦女運動都是推動學校性別平等教育的主要舵手。雖然臺灣與西方國家一樣，性別教育改革皆是先由婦女運動先發起，但教師對婦女運動的涉入情況影響著教師是否俱足歷史偶然或必然的自覺過程，也影響著性別教育的實

踐。我先分析西方國家婦女運動如何去觸發教育中的性別改革、行動者
（agent）爲何、女性主義教師的角色、政治結構及文化等因素，如何
影響性別平等教育的實踐。接著說明臺灣性別教育政策的形成及發展過
程，從教師的角色、政府體制與國家角色及公民社會的發展，試圖釐清
臺灣經驗與西方各國的一致性及特殊性。

（一） 教師作為「內部改革者」（insider reformer）

　　臺灣與西方性別教育改革皆由婦女運動發起，但西方各國更有其歷
史上的發展條件：學校老師一開始就涉入婦女運動發展之中。來自草
根的「女性主義教師」本身就是行動者，從 1970 年代就開始參與各種
性別改革運動，這種主動參與的覺知過程，讓西方教育中性別改革的
圖像明顯與臺灣不同。當然，「西方」具有相當程度的異質性，政治
結構、工業關係、工會運動者的層級、勞動市場結構及文化上的不同
（Blackmore, 1999），使各國的改革策略及成效產生很大的差異。大體
來說，在美國、英國及加拿大，性別平等教育政策的形成及實踐較流於
碎裂（fragmented）、地方化，實施情況依地方政府不同的行政權力及
經濟狀況而定，這些國家相對於澳洲、紐西蘭跟北歐各國，比較欠缺國
家合法性的支持（Poiner and Wills, 1990; Stromquist, 1992; Arnot, 1993 as
cited in Blackmore, 1999）。以下進一步說明西方各國婦女運動如何觸
發教育中的性別改革、行動者有哪些、教師在性別改革中的角色、政治
結構及文化等因素，對各國教育改革之影響，藉此逐項爬梳西方各國性
別教育改革的機會結構因素。

　　西方各國女性主義教師的形成，有其歷史上的發展條件。以英國爲

例，英國「教育界女性主義」（educational feminism）是由一群「反霸權」的教師發展出來的（Arnot, David & Weiner, 1999）。早在 1904 年，由於男女教師薪資不平等問題（Joyce, 1987），促使英國女教師挺身為她們自身的權益而戰。一次大戰以後，女教師面對的新困難是愈來愈多的學校設立婚姻門檻（ibid.: 68），讓她們不得其門而入，這些職場上的不平等都讓英國女教師開始思索教育上的性別問題。經過五十年的努力，女教師同工同酬的目標終於在 1961 年達成，但隨之而來的問題是女教師明顯集中在學校中的較低階層（ibid.: 68），這又是另外一個要解決的問題。

在 1970 年代末及 1980 年代初期，由於學校的婚姻門檻、升遷機會受限及男性主導的工會內資源分配不均等問題，這些職場上的不平等都讓英國女教師進一步思索教育上的性別問題，因而慢慢成為婦女運動訊息的重要聆聽者。因為教育現場的女教師因切身的體驗覺知，成為教育界的「內部改革者」（insider reformer），因此在後來的性別改革中占有關鍵性位置。英國女性主義教師在性別教育改革的重要性，從 Arnot（1987 as cited in Blackmore, 1999）分析英國性別教育改革的四個重要面向中，就有三項與教師有關可見一斑。這四個面向分別為：教師觸發改革、校外研究者的行動研究、教師間的接觸與溝通網絡、婦女運動及學校教師工會支持的相關計劃行動。

澳洲與英國情況類似，學校女教師的怒吼也是來自切身不平等的感受，包括一結婚就得離職、校長及主任總是男性擔任、大學沒有提供給女性的獎學金等（Marshall, 2000: 130）。因此，一直以來，教育議題是婦女運動的一部分，而參與者大部分是教師（Gaskell & Taylor, 2003），教師很早就成為新社會運動的一支而進入決策，不管

在中央、地方或學校，都有豐富的遊說及決策經驗（Blackmore, 1995: 298），例如：在 1970 年代初期，由女性教師組成「澳洲女性教育聯盟」（AWEC, Australian Women's Education Coalition）遊說政府從政策來改善女性與女孩的教育。此外，她／他們也發行刊物，討論課程等問題。

同樣的，加拿大女性教師也早在 1970 年代就組成聯合會，早有對政府的遊說經驗（Gaskell & Taylor, 2003: 156）。以安大略省女性教師聯合會（FWTAO）為例，在 1970 年代，該會自己辦理有關性別平等的研討會、工作坊，也發行刊物，對課程中性別歧視的情況提出批判，也因此自行發展出符合性別平等原則的新課程（ibid.）。這些教育界網絡的連結是很重要的，因為它不但連結女性主義教育者的力量，也激盪教育領域的女性主義思考。

英國、加拿大及澳洲、紐西蘭的女性主義教師都分別有女性教師聯合會的組織，不但連結女性主義教育者的力量，也激盪教育領域的女性主義思考。她們自行寫出學校本位的政策實施計劃、發展實驗性課程、爭取研究資金、遊說官員、要求沒有性別歧視的晉用與升遷管道，也研發出符合性別平等原則的新課程（Blackmore, 1999; Gaskell & Taylor, 2003）。簡言之，在西方各國，許多影響社會中性別關係的重要改變是由女性自己觸發，並且在成為全國性政策以前，在地方以行動或計劃的形式出現，就如 Stromquist（2004）的觀察，「由下而上」引發性別改革的想法與需求是一般的典型。然而，這樣的歷史條件並沒有在臺灣出現。在臺灣，教師與婦女運動呈現涇渭分明的現象，婦女運動在校園中更是被視為「洪水猛獸」，教師在性別改革中傾向扮演「被動」的角色，甚至成為「被改革」的對象。

☐ 政府體制與國家角色

假如女教師觸發的性別改革運動是舞臺上的主角，國家（state）則扮演著重要的舞臺燈光角色。沒有燈光，戲也唱不下去了。一般而言，北歐、澳洲、紐西蘭由於「國家女性主義」（state feminism）的發展，女性主義教師充分與政府合作，運用政府的力量來進行教育中的性別改革，使得性別教育實施成效更爲顯著（Blackmore, 1999）。傾向地方分權體制的國家，性別平等教育政策的形成及實踐比較零星、區域性，實施情況依地方政府而定。以英國爲例，正因政府的分權體制，使國家無法有效介入，因此性別平等教育仍只能停留在決策層次而已（Arnot, David & Weiner, 1999）。此外，英國不但沒有出現女性主義官員（femocrat），女性主義者更被排除在中央政府的決策之外（Mahony, 2003），根本性的改變僅有賴地區草根性的活動。而美國性別教育的實施成效也是非常有限（Stromquist, 1997），因爲聯邦法令只是最低程度的要求，而且也沒有強制機制，加上可運用的資金不足、地方沒有足夠的研究經費等，都讓性別教育的實踐處處掣肘。

澳洲雖是傾向地方分權的國家，但澳洲聯邦政府對學校性別平等教育非常重視（Marshall, 2000）。1973 年，「平等」（equality）被列爲學校重要議題，其中女孩被視爲一群需要特別關注的「劣勢」群體（'disadvantage' group）。1975 年，教育委員會（Schools Commission, 1975）也發行一本報告「女孩，學校與社會」（Girls, School and Society），明白指出教育中的性別問題。1987 年，第一個全國性的教育政策史無前例地在聯邦政府通過，那就是「澳洲女孩教育政策」

（National Policy for Education of Girls in Australian Schools）。該政策主要目標有四：(1) 提高對女孩教育需求的知覺；(2) 對任一課程有相同的接觸與參與機會；(3) 提供一個支持性的學校環境；(4) 平等的資源分配（Gaskell & Taylor, 2003）。其中也規定學校要定期回報性別教育的實施情況、每個學校要設置「機會均等官」（Equal Opportunity Officer）、每個學校要有負責性別平等的職員，每年定期見面，討論相關進展及監督考核回報的方式。

澳洲女性主義者將性別平等政策的推動當成一種社會運動（Marshall, 2000），當政策從邊陲到中心，許多性別平等運動者有機會進入決策，被任命為官員，產生更大的鞭策力量，使性別教育得以站在國家政策的重要位置（Gaskell & Taylor, 2003; Blackmore, 1999; Marshall, 2000）。不過也因為澳洲的分權體制，各區域對全國性的性別平等教育政策有不同的回應方式及作法（Gaskell & Taylor, 2003; Marshall, 2000）。舉例來說，南澳（South Australia）及昆士蘭（Queensland）的作法就大異其趣。1970 年代，南澳由工黨執政，非常支持女權，因此在 1975 年通過了「性別歧視法案」（Sex Discrimination Act），也是第一個任命女性主義官員的州，並被視為女性主義官員改變官僚體系的一個典範。該州的女性主義者、女性主義教師及學術界充分合作，在課程教材、教師專業發展及教室實踐上，觸發許多的改革。之後的自由主義政府也能延續工黨的性別教育政策。昆士蘭就沒那麼幸運了，由於州政府不認為教育及社會普遍存在著性別問題，因此對女性主義者不表示支持，甚至帶有某種程度的敵意（Gaskell & Taylor, 2003）。

當然，國家的涉入支持不全然只有好處，婦女團體與國家的密切合作有可能分化婦女運動的能量（Gaskell & Taylor, 2003）。但綜合比較

各國實施性別平等教育的狀況，似乎可以嗅到國家支持與否扮演的關鍵性力量。儘管臺灣沒有發生歷史的偶然，而有「女性主義教師」的發展，婦女運動者促使國家角色的積極涉入，使得臺灣在具體政策實踐上顯得略勝一籌。

🔳 公民社會的發展

　　機會結構（opportunity structure）並非僅由國家介入的多寡來決定，還要看公民社會的發展及其組織的運作而定（Gaskell & Taylor, 2003: 160）。澳洲的性別平等政策能在政策領域取得主流位置，與文化、政治結構、教育政策結構的策略性使用，以及堅強的網絡、歷史上政府對教育責任的共同認知有關（Marshall, 2000: 125）。雖然澳洲性別教育政策是由上而下的國家介入，但學校對「機會均等」（equal opportunity）的實施與認知則是由來已久（Blackmore et al., 1996），已成為公民的共識。

　　由澳洲各地實施性別政策的差異性來看，我們可以了解除了國家角色，公民社會的發展及其組織的運作也扮演不可或缺的角色。倘若性別平等、機會均等的概念成為公民社會的共識，從四面八方構成的壓力，足以造成政策上的改變。以澳洲來看，儘管部分區域對女權依然不友善，不過全國性性別教育法案的通過是「來自四面八方壓力的聚合」（Marshall, 2000: 131），由教師工會、家長團體、行政官員及學校女性教師共同努力促成。當然，1970、1980 年代澳洲婦女運動的「建制化」（institutionalisation）在性別教育上也占有重要角色，不僅提供資金，也在教育政策上提供合宜的架構（Gaskell & Taylor, 2003）。整體

而言，Kenway（2004）分析澳洲學校性別改革運動成功的主要因素為「不論在學校系統之外或學校內，都有女性主義運動者的強力支持」（p. 2）。在學校外，有女性主義教師組織及教師工會以網絡發揮影響力；此外，女性主義學術界深入教育中的性別議題做基礎研究，具體呈現問題所在，在實踐上提供很重要的根據。

換言之，澳洲性別教育政策在「機會均等」的架構下發展，以社會正義為原則（Gaskell & Taylor, 2003）。在北歐也是同樣的情況，北歐的成功在於發展女性的經濟獨立性，把種族、階級及性別不平等問題放在社會民主追求公平與平等的架構下來看，關注責任的同時，也重視權利（Wernersson, 1989 as cited in Blackmore, 1999: 92）。不同於西方，臺灣近幾年來的性別教育論述多在「多元文化教育」的羽翼下發展，這兩種不同的發展架構，產生哪些不同的作法及後果，有待更細緻的討論。

臺灣與西方性別教育改革皆由婦女運動發起，但西方各國更有其歷史上的發展條件：學校教師一開始就涉入婦女運動發展之中。來自草根的「女性主義教師」本身就是行動者，從 1970 年代就開始參與各種性別改革運動，這種主動參與的覺知過程，讓西方教育中性別改革的圖像明顯與臺灣不同。在臺灣，我們有婦女團體積極遊說政府，抑或進入國家，主導通過性別平等政策，例如：在教育領域的《性別平等教育法》等，但教育的真正實踐者（學校行政人員、教師等）不管在歷史條件上缺乏性別覺知過程、推動經驗及網路連結，在決策過程中參與不足。透過粗略的歷史及國際比較分析，我們可以更清楚看到臺灣性別教育政策與西方各國一樣，都是由婦女運動發起，透過運動的組織網絡串起力量。關鍵性的差異即在於教師的主動／被動角色，以及公民社會對性別

平等的認知程度。

　　或許一些事情不能片面論斷，僅止於「頭痛醫頭、腳痛醫腳」，否則不僅於事無補，還可能造成無謂的對立，尤其加深的裂痕可能使性別教育推動工作雪上加霜，尤其學校教師對「性別」、「女性主義」的誤解可能將性別教育帶到另一個不同於決策者想像的方向。我們常說「橘逾淮為枳」，其實只是土壤、氣候讓「橘」無法依然是「橘」，但土壤、氣候卻是最難複製的，或許我們也不需要去複製，就讓「枳」長出它自己的樣子，然後同時透過分析，知道「橘」長得好的因子，在我們的土地上涵養「枳」可以長得好的養分。一味的責怪一線教育工作者不但於事無補，可能在教育界招徠更多不必要的敵意與誤解。「理解」是共事的契機，也是改變的開始，否則繼續各說各話下去，浪費的不只是資源、是時間，日益加深的間隙可能是性別平等教育的隱形殺手。下一波我們需要的或許是學校性別改革運動，結合學校教師對教育現場的了解，縮短女性主義理想與教育現場實踐間的落差，重新啟動一個同時考慮性別與教育的教育性別改革運動。

第三課
感受多元文化與教育

（作者拍攝於柬埔寨西哈努克高龍撒冷島海邊）

　　從小接受族語教育的小朋友進到學校後，當她用族語說出「杯子」，教師用中文說：「不對，這是『杯子』」。不被理解的小朋友開始自言自語，也開啓一連串受挫的學習歷程。慢慢地，她不但不敢講族語，也被認爲「發展遲緩」或「學習障礙」，這是一段噤聲的過程。多元文化教育不只知識上、文化上的了解，更需要情意上的同理感受，以下就從「感受」出發來談多元文化教育。

一│性別在族群中的掙扎消音？

2009 年，英國劍橋大學正在慶祝它的八百週年慶，任一觀光客都可以看到在學校任何角落，所散發出的榮耀與光環，因許多深宅大院，都曾孕育出許多名人，或者說是名人剛好就進去某學院就讀，如牛頓、培根等。儘管如此，還是可以看到、嗅出、感覺到它垂垂老矣的味道與痕跡。

老，某程度意味著更難以撼動的傳統、更難以撼動的權力結構與隱藏在「卓越」背後的菁英式定義。這樣的深宅大院也讓自信不經意的擴張膨脹，成為傲慢與偏見的溫床。

就從種族／族群談起，那是我在劍橋大學的第一課，也是最後一課。我不是做族群或種族研究，但在劍橋四年中的每一天、每一刻，我在其中、我在經驗，我以身為度的學習到優勢文化與弱勢族群個人能動性（agency）之間的關係。從第一年的難過、無力，只能用筆自我療傷，到後來的了解、或許習慣，然後在縫隙間求生存、找樂子、安於其所。到最後一年，情況沒有好多少，我曾寫下一句話——「今天我想立刻走人，如果可以的話。」

有的學生沒感覺到有什麼種族歧視；有的人跟我一樣氣憤填膺，甚至聲淚俱下；有人竟為他們找理由。我用某位英國教授在研究法課堂上所說的一個比喻來解釋。他說：「看不見」不代表「不存在」。你看到我的衣服是黃色，它真的就是黃色嗎？其實它是有很多種顏色的，只因光譜的關係，人看到的只是黃色，但並不代表只存在著黃色。

(一) 你看不到、沒感覺到，不代表它不存在！

在劍橋，習慣性躲在咖啡店的一角寫文章，我無意中聽見隔壁桌兩個西方女生的對話，一個是英國人，一個來自澳洲。其中一個研究人權，她們談了許多理論，後來談到某位她們共同認識的中國女學生，提到她對學院活動很疏離、參與度很低，「但她人真的很好，只是不善於社交！」

我想，我一定也被這樣形容過。其實這不只是她一個人的看法，我曾聽過很多人，包括學校一些職員及學院導師（tutor）都提過：東方人好像都很少參與學院活動。

他們何曾想過：不是我們不願意，只是環境讓我們感覺不自在！當一地存在著強烈的主流優勢文化，文化了解（cultural understanding）如何變成可能？帶著東方人的文化與面孔，到這個盎格魯撒克遜菁英文化的中心，很難期待他們會試圖來理解你／妳！

曾經，朋友問我來英國學到了什麼？「種族歧視！」我脫口而出，後來想想，其間其實摻雜更多階級的成分。我的學院內很少有東方臉孔，若有的話，不是很小就來英國念寄宿學校，就是從小就在英語系國家長大，語言的掌握讓他們很快習得階級內共通的語言及文化，就是Bourdieu所說的社會資本（social capital）；換句話說，階級可以補足種族／族群的部分，讓非主流族群的優勢個人也能在優勢族群文化中游刃自如。

有如哈利波特般場景的正式晚宴（formal dinner）是劍橋學院生活的重要部分，更是英國階級形塑過程的重要環節。用餐前所有人先在一

個小房間站著喝餐前酒（pre-dinner drinks）交際應酬、先認識一下，約莫 30 分鐘光景，大家再一起移師到美麗的廳堂中。飲不完的紅白酒，宣誓著布爾喬亞的身分及生活品味。

從不同的正式晚宴（formal dinner），我慢慢體會到劍橋的優越感是如何被建構出來，階級如何在社會中被穩固的傳衍。首先是服裝的層級，學生被規定要穿正式服裝與學院的黑袍（gown）出席，已拿到博士學位的行政人員，如學院導師（tutor）要穿著有深紅色條紋的禮袍，最高等的教授禮袍是亮紅色的，他們都坐到前座即所謂的 high table。當他們進場，所有學生都要先起立致意。

廳堂內的服務人員有十多位，在廚房負責打理菜及其他雜事的，也有十多位，全為這群人服務。三個多小時的杯觥交錯間，在燈光好、氣氛佳，百年歷史的廳堂裡，真會產生一種幻覺，好像自己是中古世紀的貴族，似乎高人一等。這些教授、博士在這裡薰陶那麼久，「謙遜」或許慢慢被「優越感」給吞噬了，階級也在一次又一次的優越累積與確定之中逐漸穩固。

在英國，不乏做得很好的族群研究，但幾十年來，英國族群區隔固若金湯；不乏很好的性別研究，但許多性別學家依然「習於」冠夫姓，英國前首相布萊爾的太太 Cherie 及布朗的太太 Sarah 也是如此。教育研究發達，但在布萊爾任內的口號「教育・教育・教育」（education, education, education）幾乎成為笑談，我們看到的是學費年年調漲，中下階級更難受到完整的教育，階級流動難上加難。

上流階級的小孩念的是伊頓公學之類的寄宿學校（boarding school）、教會學校或獨立中學（independent school）等私立學校，這些學校的學生有很大的比例進入劍橋、牛津等名校；勞工階級的孩子沒

有選擇的只能上公立學校（state school）。英格蘭政府曾經想要提高公立學校學生進入大學的比例，希望劍橋、牛津等名校能多撥出一些名額給勞工階級背景的學生。消息一出，引起許多菁英家長的反對，他們認為那「不公平，會產生排擠效應，應以能力為考量」。能力往往建築於教育之上，之前沒能給予足夠的教育機會，哪能再用「能力」作為社會公平的標的？但公平正義怎麼會是追求卓越的劍橋大學在意的呢？

許多人羨慕我在這樣的學校念書，事實上，我在劍橋見識到最自我中心的一群人。

大學部大部分是英國人，八成以上來自英國中上階級；研究所國際學生比例雖高，但大部分國際學生的家長社經地位高。我在劍橋的觀察，這樣的孩子大多在父母呵護下長大。許多父母只要求孩子專心於課業或研究就好，因此他們的世界就是拿好成績、做好研究，一直以來，他／她們習於別人的掌聲，更習慣於別人的「給予」，別人的幫忙永遠是理所當然。生命沒有跌倒經驗的結果，逐漸產生一種過度膨脹的自信，一旦受到挑戰，那是裁定者有問題，他／她自己永遠不會是錯的那一方。

一個英國的室友每當想洗澡，別人都不得擋在她前面，她會敲浴室的門，問你還要多久，然後穿著浴袍在門口等，一開門就看到一個幾近骷髏頭的臉，我被她嚇了好多次！學生宿舍經常上演誰的衣服被丟出洗衣機或烘乾機的劇碼，只因他老大想烘衣服，誰阻擋到他誰就倒楣！一個韓國學生可以因為學期報告只拿 B，她的朋友拿 A，從此跟朋友斷交，這應是國小才會發生的場景。另一個學生每次打電話給人，就是抱怨東、抱怨西的，抱怨完就立刻掛電話，也不管別人的心情與生活。

劍橋每天發生的事情，常讓我想：「專業」上的劍橋大學從心理年

齡來看，只是「劍橋幼稚園」？妹妹來看我，第二天她就問我：爲什麼你們這邊「怪人」那麼多？對於何謂「正常人」，我沒有標準答案，但一個成熟的人必須要懂得關懷別人，在劍橋大學（至少我的學院），這樣的人似乎不多。

歧視從來沒有離開，不管如何自我調整，如何想要重新看待這個我待了一段時間的地方。我曾跟愛爾蘭室友 Ian 討論過這個問題。我說學院的職員，尤其是門房（porters）對我很不禮貌，常常一副高高在上的樣子，讓我很不舒服。尤其有一次房子的暖氣壞了，我到學院的門房處通報，他們堅持已經有人去修了，我說「我不知道到底有沒有人來修，但現在依然沒有暖氣卻是事實，否則你可以到我的房子去看看！」

門房一臉我欺騙他的樣子，嚴竣地說：「我沒必要這樣做！」

當我告訴 Ian 這樣的情況時，他說：「他們可能不習慣跟亞洲人打交道！」

只是這樣嗎？在這以英格蘭中上階層爲主的學院，我顯得格格不入，有些人或許認爲這樣沒什麼不好，講英文機會比較多。事實並非如此，這種結構常讓人受傷，消減弱勢族群參與活動的意願，只能讓自己隱身於學院之中。但優勢族群往往有意無意的指責少數族群自成一群，很少去了解這些人爲何必須互相取暖。

聽到來自其他學院的朋友講述她／他們學院的氣氛，常常覺得很羨慕。在一些較新的學院，不但不同的文化可被看見，學院也能提供國際學生適時的支持。一樣在劍橋生活，我們生存的劍橋眞的很不一樣。

劍橋大學的老學院（例如：三一學院、聖約翰、國王、耶穌學院等）秉持「傳統」，接受較低比例的亞洲學生。大部分亞洲學生分布在新成立的學院，這些學院往往財力沒有老學院雄厚，因此設備也沒那麼

好，學生福利有些也相對較少。雖然如此，這些新學院整體氣氛往往較融洽舒服，對國際學生不管情感上與生活上的支持反而較多。

對於充滿「傳統」迷思的老學校而言，「改變」總是荊棘滿布。劍橋大學八百年的歷史，女性成為正式學生也才約莫六十年光景。最初，只有男性能夠進入劍橋大學就讀，1870 年開始讓住在劍橋地區的女性上課，1881 年女性獲准參加劍橋大學考試，若通過的話，可獲頒文憑證明（certificate），而非學位（degree）。一直到 1947 年 12 月 6 日女性才獲得完全的學院學生身分（full membership），1948 年首次授予女性學位，對象是皇太后伊莉莎白。

性別一直是我關心的重點，因此特別觀察到耶穌學院（Jesus College）在我進來那年（2003）的研究生中，女性占不到十分之一，而我是唯一的東方女性。除了學生之外，教授或領導級的女性比例偏低的問題，也曾經被討論過。因此，副校長 Alison Richard 就職演講中的重點之一，就是要提高女學生與少數族群的比例。

「卓越」劍橋的表象包裹著不對稱的權力關係，體現在族群／階級／性別的不公不義之中。你／妳可能見不到、也感受不到，因為它已被細緻地鑲嵌在制度設計、規定、傳統與文化互動之中。俱足敏感度的話，你／妳或許看得見。對不需參與遊戲的「局外人」，或許就是「看見」，然後「批判」。對於在遊戲之間的我，生存於主流的間隙中，從金黃的黃昏光影補抓自己，可能也是一種出口。

臺灣的大學這幾年來瘋狂追求「卓越」，很少去思考「卓越」隱含的平等問題、可能產生與亟待解決的問題。這篇文章拋磚引玉，從個人在劍橋大學的經驗出發所看到的問題，提供教育先進更進一步思索「卓越大學」的內涵。

（二）由自身歧視經驗同感臺灣新住民感受

雖然我念的是性別，但在英國念書那幾年來（2003-2008），我感受最深刻的是族群認同在英國社會的掙扎，性別相較之下略顯失色。慢慢的，我可以體會為何在原住民女性座談時，她們會疾呼「先解決原住民相對弱勢的問題，再來談性別」；我也慢慢理解為何「外籍新娘」在意的是「外籍」，更甚於「新娘」、「老娘」稱謂上的討論。

2007 年 3 月初國際婦女節那一週，也是劍橋大學性別研究中心十週年慶祝活動，他們邀請許多各領域的翹楚，針對許多基本理論問題進行討論。其中讓我印象最深刻的就是 Afshar 所講的英國伊斯蘭女性在族群與性別認同間的奮力掙扎，我很感動，因為她也部分解決我一直以來的疑惑。

一頭亮麗黑髮，看過去，一個十足自信的英國伊斯蘭女性，再聽她的演講鏗鏘有力，相對於兩天前大牌教授 Judith Butler 在劍橋的亮麗「演出」與口若懸河，演講廳塞爆六百多人的場景，Haleh Afshar 有更多的踏實。她是英國約克大學的教授，也是布萊爾政府的性別顧問。

「當妳必須先說明『妳不是誰』，才能說『妳是誰』時，那是什麼樣的處境？」那是她的開場白。在九一一之後，英國社會普遍瀰漫著一股「恐伊斯蘭症」（Islamophobia），不但一些國會議員要求學校伊斯蘭女教師拿下面紗，希望可以看到她們的臉、她們的表情，主流媒體論述也幾乎一面倒。面紗是另一個複雜的問題。Afshar 想說的是這一群在英國出生的伊斯蘭女性是英國人、是伊斯蘭、可能是媽媽、是學生身分，到了工作場合她是個教授，有些人是教師、店員等，每天在身分轉

換間，產生流動性的認同（fluid identity）。但為什麼我們會比較傾向說自己是某一個身分，而非另一種呢？

對我自己而言，在英國，為何「我是臺灣人」（對於來自中國或亞洲的同學）或「東方人」（對於西方同學）的認同，不自覺的升高，高到一個必須要經常提醒自己不要再去看族群的地步。然而，我避不了，因為我就是在這樣的環境裡面，那是我的日常，我逃不掉！反而在某些衝突的時候，族群（ethnicity）因素顯得更加鮮明。一樣的，當「恐伊斯蘭症」愈來愈明顯時，更多的年輕英國伊斯蘭女性開始定義自己、認同自己是「伊斯蘭」，藉著擷取這樣的認同讓自己得到力量。這研究是 Afshar 針對在英國出生的伊斯蘭女性進行焦點團體訪談，也讓這些女性書寫作為一種研究方法。

這一場的與談人是倫敦大學亞非學院（SOAS）的一位女性學者 Elaheh Rostami Povey。一個研究伊斯蘭婦女的白人女性，多年來往來於伊朗、阿富汗，也有一樣的發現。她說：在當面對攻擊的時候，伊斯蘭婦女會為她們的伊斯蘭認同（Islamic identity）而奮鬥，而非女性認同。為了鞏固伊斯蘭認同，在外頭困難愈大的時候，她們寧願放棄婦女權益的考量。加深的族群認同在「生死存亡之際」，進一步強化鞏固了伊斯蘭社會的性別關係，以犧牲「小我」（性別）來完成「大我」（族群）。

Elaheh 在回答聽眾問題的時候，她的反躬自省與對白人性別學者的「呼籲」，讓我當場有個衝動想站起來鼓掌叫好。她說：西方女性主義是有問題的，她們自己以為西方比較進步、文明、優異，她們以為她們的社會是平等的，而東方女人就是被壓迫、就是父權宰制。事實上，西方的女性主義都只停留在學術理論層次，實際上不見得做多少。媒

體上、生活上，西方社會對身材、美貌的強調從來沒有消失。相較之下，東方許多國家不但能夠、也願意自我批判，然後利用西方女性主義的理論「做」出她們自己的東西。最後她反問在場人士一個問題：西方女性主義如何做？（How do western feminism do their job?）

當國內開始注意到新移民、原住民女性「問題」的時候，「認同」（identity）的討論不但不能被忽略，還應該是在所有研究之前先要處理的部分，否則相關的討論只是「漫步在雲端」，飛的很高、很遠，也很夢幻，但很可能迷失了要點及方向。而西方性別理論也不能全盤接受，否則我們可能陷入跟她／他們一樣的泥沼之中，這也算是我在性別與族群認同掙扎中的心得，算是收穫的話，可說是在英國四年來血淚交織的收穫吧！

二｜一個伊斯蘭國家的性別區隔

在杜拜的第二天，沙塵暴特別嚴重，不但天空顏色灰靡，連地面偶爾還能見到小圈風沙漩渦。牙齒一磨擦，可以感受到沙子在嘴中的律動，連眼睛也不放過。盼啊盼！等了 20 分鐘，公車終於來了，一群人一湧而上，大家的擠功一流，我望塵莫及，輪到我時，公車司機說：「沒有女生的位置了！」堅持不讓我上公車。我知道說什麼都沒用，只能「白」他一眼，表示我的抗議。

這已經不是第一次了！2006 年從英國飛到阿拉伯聯合大公國首都阿布達比（Abu Dhabi）參與一個女性領導（Women as Global Leaders）國際研討會結束後，一個人往阿聯南部的沙漠走，想靜靜地隻身體會這個社會與文化。跳上公車，習慣性的走到最後面的位置，正享受片刻寧靜之時，司機立刻上前，把我請到最前面的位置，我說我喜歡坐最後面，他說：「不行，後面是男生的位置！」

研討會結束後的第一次性別經驗未免來的太快了！會內、會外的表象世界差異好像有點大，大到我一時難以回應。

該研討會聚集了全球八十多個國家的學生、教育人員、研究人員及全球知名的女性領袖級人物，阿聯傾全國之力，費心安排這次盛大研討會，包括之前的記者招待會、安排我們與阿聯第一夫人〔他們稱為「國母」（mother of the Nation）〕、約旦女王在皇宮共進晚餐，教育部長每天到會場視察等，都讓人不禁懷疑自己對中東地區是否存有太多的刻板印象？

主辦單位是阿聯一所很好的女子國立大學 Zayed 大學，1998 年才

成立，全部課程以英文教學，教師也主要來自美國，主要目的是訓練未來女性領導級人物，因此研討會只有女性才能參與。辦理研討會的主要原因，就如教育部長兼這所大學的校長在開幕式所言，由於我們不可能讓每個學生都有機會到各個國家，於是這研討會正可把世界帶到所有學生面前，因此所有學生在研討會都有她們的工作，不管是指引方向或餐桌旁陪我們吃飯，從這些全身傳統黑袍包裹下的女學生臉上，我看到她們的自信與風采。

真實情況或許不是表面上的那個樣子。跟她們聊天，慢慢感覺會場上演講者慷慨激昂、擘畫美好願景的演說，對於底層的性別結構能有多少撼動？阿聯，作為阿拉伯地區最「開放」的國家（在沙烏地阿拉伯，女生不准開車！），性別關係又是如何？

一個 22 歲的 Zayed 大學學生幾次吃飯都坐在我旁邊，我也趁機跟她聊天。她談到自己去年（21 歲）結婚，夫家是由家人透過親戚介紹。她第一次見到可能的結婚對象時，回到家一直哭著不要嫁給他，但家人很堅持，還是結婚了。婚後她覺得丈夫很尊重她，還讓她念書，她覺得很好。當我問她性別在阿聯的情況時，她說：「男女很平等啊！女生可以出來工作、念書。」

在研討會中，一個伊斯蘭某機構女性領導人被問到女性主義時，她也有類似的回答。她說：「男生、女生都可以在一起工作了，我看不出這個字有什麼特別意義。」一個同為伊斯蘭教的主持人接話：「我們沒有這樣一個字眼，在人類社會中本來男人、女人就是要合作。」合作是一定的，但如何以更平等的方式來進行，恐怕是另一個重要課題。

「自由是被給予的，而不是用拿的！」（Freedom is given, not taken.）某中東男性領導人在電視上大聲疾呼。這段話似乎也解答了幾

天研討會下來，我對中東性別關係的疑問，原來她／他們有著這樣的基本價值，也難怪她們會有上述的看法。只是女性在阿拉伯國家多一些的權利，就應該對上位者表達感謝與滿足嗎？自由不是應該身為一個人的基本權利嗎？它不是被給予的，是身為一個人，本來就要有的。

然而在這裡，女性到底「被」給予多少權利？研討會結束後在阿聯的旅行經驗，我確定至少「行」還是個障礙。幾次從公車後面被「請」到前面，或上不了公車的經驗，讓我更想了解這到底是一個什麼樣的社會。

阿聯是個移入國家，由於石油很多，「多到連我的床底下都會冒出油來」一個學生說，因此國民所得比臺灣還高，約兩萬美元。遠從印度、巴基斯坦、埃及、菲律賓、非洲許多小國及中國等來「淘金」的勞工占 75%，真正的當地人只有 25%。

外來人口急速增加，因此杜拜這個大都市每次上班時間必定塞車，公車必塞人，因此常常看到一群女性上來，卻又被司機趕下去。所以許多女性必須要等很久的公車，倘若她擠功不夠好的話。

一次問公車上鄰座的印度中年婦女，「為什麼那麼多女性都不能上車？」她說：「因為規定女性只能坐在前面的位置，公車上最多只能有一至兩個人站著，否則司機要被罰！」我問：「但是女性的座位只有十二個，全部有五十一個座位，夫妻檔還要占去女性的座位，這不是性別歧視嗎？」她也有一樣的說法：「這不是性別歧視！在這個國家男女很平等了，女性都已經可以出來工作了！」我說：「那麼多女性都不能上車，還要等很久呢！」她回答：「女性出來工作的，可能還是沒有男性多啊！」

據我多次的公車經驗，當女性位置有空位時，男性可以坐到女性的

位置——美其名爲「女性保留位」（Preserved for Ladies）；但女性座位滿的時候，再怎麼樣都不能坐到男性的位置。男性可以穿過女性的位置到自己的座位，但女性被安排永遠不能穿越男性的位置；就好像男性可以自由出入女性的領域，但對女性而言，男性的領域永遠只能是個禁地。

縱然我不想用男／女二分法來看這個情況，但毫無疑問的，這就是一個黑／白、男／女區隔的國度。從公車外面看，前面都是女性、後面都是男性；路上行人（外國人除外），女人全身裹著黑袍，只看得到眼睛或臉；男人著白袍在街上漫步。清眞寺是男人的地方，女人禁入；餐廳，幾乎見不到女性。在我意外落腳的一個小村，還有小小的女性公園，女人只能在這裡活動，不然就是家裡。

這一個「意外」源自於南下到利窪綠洲（Liwa Oasis）的公車，旁邊坐一個全身裹著黑袍的伊斯蘭女性 Dika，雖然她的字彙有限，我們基本上還是可以溝通。原來她是一個索馬利亞人，跟爸爸及兩個弟弟住，媽媽在倫敦。在車上聊了很久，她邀請我去她家，於是我們在一個小村莊下車。一次交織階級、種族與性別的深度探索就此開始，不過隔天我就「逃」離了這個地方。

爲什麼「逃」？一進到她家，第一個感覺是家徒四壁，冰箱空空的什麼都沒有，後來我才知道他們是難民，這不打緊。一回到家，她開始打掃，因爲她是家裡目前唯一的女性，所以要負責所有的家事。

一個小時以後，她終於可以坐下來吃一小碗泡麵，然後問我要不要喝卡布其諾咖啡，我說好。她拿出奶粉，放在果汁機上，加熱水、糖打出泡沫，倒在馬克杯內，然後舀出一小匙即溶咖啡妝點其上，就變成「索馬利亞式」卡布其諾咖啡。之後她又繼續忙東忙西，忙完後她說她

很累要睡個小覺，於是我就出去走走。

一走出大門不到十公尺，五六個男孩圍過來，有來自埃及、烏干達、索馬利亞，還有一些沒聽過的國家，大概都念小五、小六，他們帶我逛村莊，後來發現聚集愈來愈多男孩及青少年，就是看不到小女孩或青少女。

果真是沙漠，渴的感覺從不間斷。我央求他們帶我去商店買水，到了商店，許多男性跟我微笑、好奇的看著我，並一一跟我握手，我也很大方的跟他們握手。後來習慣性的一直握，直到一個年輕男子「拒絕」跟我握手，覺得怪怪的，回到 Dika 家裡，我問她為什麼，她說只有壞女人才會到處跟人家握手，原來我在那裡變成了「壞女人」。

Dika 家後面有個非常小的女性公園，是她每天散步運動的地方。公園門口有男性守衛，不讓男性進入這個公園。某程度是「保護」，某程度也是「限制」，不過在這裡我看到的是更多的限制。

跟她散步許久，我說我餓了，要請她去餐廳吃飯，她說女性不能上館子，於是又回到她家。還好背包內還剩一些麵包、巧克力，我拿出來吃，她好像也餓壞了，於是叫她跟我一起吃。我不好意思問什麼時候可以吃晚餐，直到她自己說她在等她父親從清真寺念經吃飽回來，帶回祭祀後男人吃剩的「賑民」食物，才有晚餐吃。

晚上十點半，她父親終於帶著食物回來了。她很高興的叫我一起吃，我吃了一口，見她用手把類似祭祀的「金紙」挑出來，立刻沒有胃口，直推說我飽了。她很熱心的幫我在地板鋪好床，灑大量嗆鼻香水在床單上，還可以接受，但是難以入眠。約莫半夜一點多及兩點多，兩個弟弟陸續從外頭玩回來，她還要起來分別幫他們熱食物。

以為兩點多以後，應該比較安靜，可以睡覺了，但情況並非如此。

我矇矓中知道他們全家起來兩次以上，播放著很大聲的可蘭經進行祈禱；矇矓中我也聽到她一直在講電話（市區電話不用錢），一直提到臺灣這個字眼。在嚴重失眠加焦慮下，我決定天一亮就走，儘管第二天晚上她邀請我去只有女性才能去的村里聚會。

　　一開始，我常常故意坐到公車最後面，但每次總被請到前面。後來我累了，不想再玩一樣的遊戲，習慣成自然，莫非這也是每一種性別關係鞏固的開始？

　　阿聯的性別區隔與歧視到處都是，就像那天沙塵暴一樣，連嘴巴、眼睛都不放過。我覺得好累，第一次深深覺得需要另一個假期來紓解這趟旅程的疲憊。

三｜多元文化・教育？

　　2008 年，我將拿到博士學位回到臺灣之前，心情曾經五味雜陳。回臺灣，多麼令人開心，那裡有我熟悉的味道、美食與人際間的溫暖。但隨著回家的日子愈來愈近，一種「害怕」的感覺卻逐漸浮現。走在劍橋街頭，我已經習慣迎面而來的是漸層的不同膚色、操著不同口音的英文或是沒聽過的語言，與我擦身而過；即使不了解她／他們說些什麼，卻也可以很自在。我的「害怕」是回到臺灣後，這種多元環境的消失，在高度同質性、單一性的文化脈絡下，我是否能夠適應？同一個聊天場合，至少並存著兩三種語言符碼的場景即將消失，我是否即將失去多元的能力？我的「害怕」顯然是多慮了！回到臺灣，發覺我的臺灣想像還停留在 2003 年的臺北。臺灣在我出國念書這幾年間，人口面貌已經悄悄地急速變化。只是對於這種快速的變遷，我們察覺了多少？我們的教育方式、學校政策、主流社會文化對這些變化回應了多少？如何回應？教育可以如何回應這些人口面貌的改變？這些問題關乎多元文化教育未來要往哪裡走？如何走？「多元文化教育」的內涵為何？更根本的問題是：「多元文化教育」是有關「多元文化」的教育（multicultural education），在此「多元文化」為形容詞，抑或「多元文化」（作為名詞）與「教育」？「多元文化與教育」嘗試理解兩者的關係，亦即在「多元文化」的變遷趨勢下，可能對教育產生哪些影響，而「教育」可以如何回應或因應這些改變？多元文化教育作為一個跨領域的學門，其概念如何鑲嵌到整體教育之中？我們先從全球化造成的人口遷移開始思考。

（一） 教育回應人口面貌的改變

隨著全球化的發展，世界人口快速且頻繁的移動，這二十多年來，臺灣人口面貌及組成也有很明顯的變化，直接影響教育人口組成的樣態。首先，我們從數字進行了解。根據教育部 2019 年 6 月編印的《新住民子女就讀國中小人數分布概況統計》指出，107 學年度就讀國中小新住民學生約為 16.7 萬，又參照教育部統計處資料庫查詢，107 學年度國小學生總數為 115.8 萬，國中學生總數為 62.4 萬，總共約為 178.2 萬。換言之，新住民學生約莫占總體學生總數的 9%。

我們的教育如何回應社會與人口面貌的改變？我們先簡單了解一下臺灣多元文化教育的發展。臺灣多元文化教育的發展與 1980 年代社會運動的風起雲湧密切相關。二次大戰以後，臺灣歷經 1950、1960 與 1970 年代的政治動盪與經濟成長，1980 年代蓄積了驚人的社會能量，民眾的抗爭事件不斷，包括婦女運動、本土化運動、母語運動、原住民族運動與教育改革運動等政治與社會反對運動前仆後繼。1987 年政府宣布解除政治戒嚴，更開展了臺灣社會全面民主化，新興社會運動風起雲湧，「多元化」的「去中心性」成為現代化進步與民主的象徵，在政治自由化過程中被用來解釋或促成新興事物的工具，因此很快地變成一種「常民語彙」。

雖然「多元化」與「多元文化」概念不全然相同，言必稱「多元」的結果，兩者間的模糊性似乎搭起「多元文化」論述發展的脈絡鷹架，1990 年代於是成為臺灣「多元文化」論述發展的黃金時期。臺灣也在 1990 年代開始出現「多元文化教育」一詞（劉美慧，2011）。1993 年

中國教育學會出版《多元文化教育》一書作為年刊、1995年花蓮師範學院奉准籌設多元文化教育研究所、1996年行政院教育改革審議委員會擬定的《教育改革總諮議報告書》提出「推展多元文化」的教育政策改革方向，且特別提出**現代多元文化教育的兩個重要主題，一為原住民教育，二為兩性平等教育。**

臺灣多元文化教育論述的複雜性，根源於多元文化論述發展的脈絡性、政治性、社會性、經濟性與歷史性等共構因素。從本土政經社會脈絡的變遷，因著現代化想像由臺灣土地上長出「多元」論述，同時再從美國相關理論與經驗取經，接著經過二十世紀末、二十一世紀初的全球化浪潮，臺灣「多元文化教育」內涵也開始擴充延展，由原住民、兩性、鄉土或母語等面向擴充至新住民、多元性別及東南亞語言等。進入二十一世紀，全球化與國際化的想像在臺灣「多元文化教育」發展過程中，成為一股很重要的推進力量。

為了因應「全球化與國際化所帶來的轉變」（其中包括族群互動日益多元、民主參與更趨蓬勃、社會正義的意識覺醒等），教育部在103年11月公布《十二年國民基本教育課程綱要》，以「成就每一個孩子—適性揚才、終身學習」為願景，「兼顧個別特殊需求、尊重多元文化與族群差異、關懷弱勢群體」。十二年國民基本教育之核心素養九大項目就包含了「多元文化與國際理解」，內容為「具備**自我文化認同**的信念，並**尊重與欣賞多元文化**，積極**關心全球議題及國際情勢**，且能順應時代脈動與社會需要，發展**國際理解**、**多元文化價值觀**與世界和平的胸懷。」在國小、國中、高中各階段的「核心素養具體內涵」羅列於表一。

◎表一　「多元文化與國際理解」核心素養具體內涵

國民小學	國民中學	高級中學
具備理解與關心本土與國際事務的素養，並認識與包容文化的多元性。	具備敏察和接納多元文化的涵養，關心本土與國際事務，並尊重與欣賞差異。	在堅定自我文化價值的同時，又能尊重欣賞多元文化，具備國際化視野，並主動關心全球議題或國際情勢，具備國際移動力。

　　對照 1980 與 1990 年代將「多元文化教育」放在「教育機會均等」或「弱勢者」軸線的思考，我們看到《十二年國教課綱》以「國際教育」搭起「多元文化教育」的平臺，開始從**文化肯認的角度**與作法裝備未來學生必須具備的「國際能力」，也規定未來從課程發展、教科用書選用、課程規劃（本土語文／新住民語文課程）及教師專業發展等，都必須採取多元文化觀點。因此，「教師應充實多元文化與特殊教育之基本知能，提升對不同文化背景與特殊類型教育學生之教學與輔導能力」（頁 34）。換言之，教師在多元文化教育中扮演著非常重要的角色。

（二）我們對新移民的文化了解卻很貧乏

　　對於要飛十多小時、一個太平洋以上距離的美國，我們可以略知一二；對於 3 小時就能抵達的鄰國，我們或許連結到的字彙只有「外勞」。殊不知原來越南文化跟臺灣相近度高、印尼客家人多等。

　　尊重來自於理解，倘若多數的優勢族群對多元文化相關議題沒有興趣，文化理解的匱乏就不難想像。就東南亞文化而言，許多民眾對東

南亞相關知識與文化理解匱乏、對東南亞文化沒有什麼興趣，甚至有歧視，或因不了解產生的害怕等。有人說「我們對越南就知道越南河粉」、「有粗淺的了解，從教科書中認識的」；我問越南首都，許多人都回答「胡志明市」，但其實是河內。許多人以為東南亞都是「小乘佛教」，其實越南受到中國影響，也是以漢傳佛教（大乘佛教）為主，越南文甚至有七成的漢越音，有些發音近似閩南語。

舉例來說，「vòng tay」在越南文化中是很重要的傳統禮貌動作，雙手環抱在胸前下方一點（有些情境要上半身往前微傾鞠躬），表示問好與感謝。不具「文化了解」的教師可能會將之誤解為不禮貌，或有侵犯意圖想要打架的動作。不了解容易產生偏見，偏見生成歧視，因此文化了解是非常重要的基礎。

（三）旅行主／客易位的特質，成為多元文化教育方式

體驗教育是養成國際移動能力的取徑之一，尤其與國際教育息息相關。隨著全球化的趨勢，**國際教育是臺灣教育政策的重點之一，然而我們的國際教育真的「國際」了嗎？抑或只是西方中心的國際教育，一切以歐美文化標準為典範？這樣的國際教育可能落入西方白人中心主義，更是以中上階級文化為標竿的教育內涵。**不管從經濟發展、社會發展或教育文化的觀點，發展具多元文化觀點的國際教育迫在眉睫。

讓自己置身於異文化之中、從泥土與自然中學習的經驗，可以讓自己與多元文化的內涵進行對話。常常，我們相信我們所「以為」的。太多的「以為」把我們困在自己所設的框架中，動彈不得；而這些框架是由社會與自我共同揉合而成。那麼，該如何跳脫出這些框架呢？位置的

轉換可能是一個很好的思考起點。「主體」的改變在多元文化教育歷程中是很重要的。想作好多元文化教育，首先應先改變位置，尤其是社會心理位置，否則只能看到自己想看的。

對個人而言，旅行是開啓文化理解的方式。能夠產生深層意義並產生改變的文化體驗，往往發生在學校圍牆之外，透過深度長時間的自助旅行或者擔任志工，讓自己成為異鄉「客」，成為有意義的文化學習之旅。旅行與旅行過程的體驗，在跨界／多元文化教育中是重要的。但是，這樣的旅行不是觀光客式的跟團旅行、不是由老師帶領規劃，一起出國或在國內的參訪或短期志工行程。這樣的旅行必須能夠轉換觀看位置，可以是自助旅行，自己去思考規劃行程；可以是沒有完整規劃的流浪幾個月到一年；可以是公益旅行，到泰緬邊境或任何其他地方蹲點。首先在英國發展的空檔年（gap year），也是這樣的概念，讓學生在中學升大學、大學升研究所，或大學中甚至工作中的任一階段，讓自己遠離原本自己熟悉的環境，多半會選擇到海外擔任志工、自助旅行或打工度假等。

為了更加了解印尼文化，在 2015 年夏天，我將自己置入其中，藉由「移動」讓自己成為異鄉「客」，也開始了一段文化理解之旅。我將這一段有關性別觀察的部分整理成「《印尼 etc.⁺》：伊斯蘭性／別文化初探」（2016）一文，這也是一段對伊斯蘭文化不斷拆解與重新理解的過程。

> 　　到印尼前，我對伊斯蘭性／別文化的了解不外乎中東世界帶給我的經驗；到了印尼，沿路上一直感覺「對不上」原本的經驗，卻也很難具體描繪出印尼伊斯蘭性／別文化的樣子。隨著跟當地人的接觸愈來愈多、在地觀察時間長一些，再回到臺灣，當印尼食物繽紛的感受依然在舌尖激盪著，我想到了印尼伊斯蘭性／別文化其實很能與印尼當地飲食相應。……一樣行走在伊斯蘭國家，筆者作為一位生理女性，在印尼比中東的感覺輕鬆自由許多，沒有那麼多注目的眼光，也不見比例那麼高包頭巾的女性……。

　　同樣的，從進到越南之前在圍「籬」外的想像，到真正起身離開臺灣進入越南，我才慢慢能夠釐清越南的性別風景，原來越南媽媽眼中的臺灣更是重男輕女，原來越南內部有那麼大的文化歧異性，原來越南那麼重視孝道；進一步對越南社會文化的了解，可以幫助我們理解臺灣的越南婚姻移民女性的處境。

　　透過文化體驗與實際的踏查，可以開啟媒體單一故事軸線外的其他豐富度，跳脫「單一故事的危險性」。恐懼通常來自於不了解或不習慣，唯有接觸，才能了解；唯有了解，才能真正的尊重。臺灣社會普遍對階級文化、族群文化、性別文化或障礙文化之了解不足，特別是東南亞文化或原住民族文化，「尊重」成為許多人的口頭禪。在有興趣了解之前，談「尊重」顯得太敷衍與教條化。

　　新移民女性豐富的母國文化，為臺灣注入一股新能量，這些異質且豐厚的文化、經驗與知識，經由跨國婚姻產生的社會網絡與國際聯

繫，爲臺灣創造出更多可能與發展空間；進一步思考，因爲多元文化碰撞並交融的社會能量，如果有適當管道引導，將會由「新臺灣之子」傳承並產生新力量。

第四課
營造邊緣友善的學校文化

（四歲時的李唯宇畫作）

　　傳統上，學校文化往往充斥著成績、成就至上的功績主義
（meritocracy），因此從師生互動、教學方式、獎懲方式到學校
活動，往往以優勢群體為主軸，這樣的學校文化可能看不見或
聽不見邊緣學生的需求，也漠視優勢群體學生被視為「邊緣」的
「其他」需求（例如：情感教育、性與關係教育等），如何營造
對邊緣友善（margin-friendly）的學校文化，是教育領導者需要
養成的重要能力。

一┃學校文化的政治性

英國學者 Ball（1987）批評組織社會學經常忽略學校組織的研究與分析，教育研究卻也主要關注教與學的教室或學校活動、如何提高學習效能等，忽略學生、教師、課程、規定等本身都是價值承載（value-laden），帶著不同性別、族群、階級與文化等，進到這個教室或學校。美國學者 McLaren（2003）在《校園生活：批判教育學導論》（蕭昭君、陳巨擘合譯）一書中，討論「種族、階級和性別：學生為什麼失敗？」（頁 329-346）的問題。McLaren 也談及學校本身的政治性，並以「文化政治學」稱之。他認為：

> 由於學校系統是一種巧妙的組織，用來強化並獎賞中產階級的價值、態度和行為，因此運用「略而不談」的方式，懲罰那些不具備這些價值、態度和行為的人，教育界人士和一般大眾往往認為，學校之所以無法成功的教導這些弱勢的女學童，就是因為這些女學童本身不受教，因為她們被視為心不在焉，懶惰的、沒用的、病態的、可能先天不良、或家庭背景怪異使然。我們大力的責怪受害者，卻沒有去注意到階級制度和教育體系是如何的敵視經濟上毫無權力的人，以及種族、性別上極度弱勢的人。（McLaren, 2003: 341）

許多批判教育學（critical pedagogy）學者認為每個問題都有好幾個面向，而這些面向都跟階級、種族／族群和性別等元素相關。McLaren（ibid.）在美國校園的研究發現，學校教育非但不是價值

中立，更是傳遞並強化一種男性支配（male-dominated）、階層化（stratification）、中產階級社會結構的既存價值與倫理。hooks（2009，劉美慧主譯）在《教學越界：教育即自由的實踐》一書中，從作為美國社會一名黑人女性的自身生命在教育場域中的衝撞，指出了教育中暗藏的種族／族群、階級與性別議題，發現儘管大家意識到階級差異的存在，卻避而不談且默默接受階級差異導致的不同對待。Thrupp（2006）特別強調學校所處的社會脈絡，包括階級、族群、特殊學生或區域等社會因素，必須被看見並處置，方能邁向教育上的公平正義。筆者在臺灣的學校田野研究也發現高度「族群性別化」的現象，族群化、性別化的學校文化以學業表現為平臺，在新管理主義（managerialism）強調效率與競爭的教育趨勢下，彼此加強、相互增益。

雖然「學校文化」（school culture）一詞一直以來還沒有一致意義上的界定，Prosser（1999）認為組織文化的概念可以提供一個有用的視角來理解學校中發生的事情。他認為看待學校文化的方式通常分為兩種。第一種是從管理的角度切入，將學校文化視為一個整體，因此組織文化是可以操弄的，以達到某一教育目標。這種價值中立式科學主義的實證觀點受到後實證主義、詮釋學及批判理論等批判（Guba & Lincoln, 1994）。Datnow（1998）就認為這種工具理性的觀點過度簡化，忽略了學校內部的衝突與微觀政治（micropolitics）層面。從 1990 年代以來，英國有關學校文化的研究慢慢轉向認為組織文化是多重互動（multiple interaction）的結果，組成次文化的群體或個人在其間都是有影響力的，而學校主要文化跟次文化之間也在進行雙邊互動。第二種看待學校文化的方式與 Thompson（2003）有異曲同工之妙。Thompson（2003: 197）對組織文化的本質做了以下的注解：「組織文化並非簡單、單一

的實體（entity），而是各種複雜、細膩，以及期待、規範、價值及意義的組合。」對 Thompson 而言，組織為社會的縮影，社會中的各種問題如種族／族群、階級、性別等，也在組織的動態之中複製著，只是在不同組織中可能呈現出不一樣的樣貌。

　　雖然學校文化是在學校活動背後一種不可見、觀察不到的力量，但卻以器物、行為規範、行話、隱喻及儀式等各種形式再現。但這樣的再現是很隱諱，因此也很少受到注意或質疑，成為不平等或歧視的來源。因此，Thompson 認為對組織文化的了解，對於平等而言是很重要的，例如：一般組織文化對男性特質的強調可能使女性的貢獻很容易被貶低或邊陲化。他指出男性組織文化（masculine culture）的幾個特徵，包括對「堅強」的強調、不輕易表達自己的情緒、不去處理或指出情感相關的問題、對競爭力的強調、分層的權力關係及溝通管道等（Thompson, 2003）。學校文化指涉學校成員所認可的規範、價值、核心信念、意義與假設，包含學校的組織結構、運作方式及成員被期待應有的行為表現。因此透過審視學校文化，更能了解社會弱勢學生在教育場域中的處境，特別在主流價值與主控論述（dominant discourse）的作用下，個人在結構中被囊括／排除（include/exclude）的狀態與過程。就如 Banks（2001）談多元文化教育時所言，必須將學校看成一個社會體系，並且革新整個學校環境。學校環境包括學校文化、學校政策與政治、學生評量的過程與方式、教學型態與策略、正式化的課程與潛在課程，以及學生輔導方式與內容等，這些面向彼此之間也都存在關聯性。

　　性別、社會階級與族群等，都是我們檢視一個學校文化時都需含括進來的社會面向。舉例來說，非族群友善的校園歧視文化通常來自主流族群教師、行政人員與同儕對弱勢族群學生的感知（perception）與刻

板印象，並以「問題化」的方式進行理解。例如：缺乏族群敏感度的漢人教師，只要原住民學生沒達到他的要求，總將之歸因於學生的原住民身分，這就是一種「問題化」的理解方式。

　　族群友善（ethnic-friendly）的學校文化、教學方式及班級經營策略，影響原住民學生學習態度、表現、生活機會與生命發展等。友善校園的文化營造有助於原住民學生的自我認同與學習成效，在教室教學情境中，教師若將文化融入學習中，並用原住民學生有興趣的方式來進行教學，教師就比較不會有力不從心之感。David Corson（1998）在《爲多樣而教改》（*Changing Education for Diversity*）一書，從校長領導的關鍵角色、學校決策過程如何納入多元文化觀點、如何與學校所在的社區共同工作爲孩子的學習而努力等，值得教育人員參考。換言之，民主與公民素養教育不僅要培養學生面對全球化的能力，也是針對教育人員本身，俾使能在學校或班級事務決策過程，以潛在課程的方式培養未來學生的民主與公民素養，成爲學生的默會知識（tacit knowledge）。讓學校成爲能夠增能（empower）的學校文化結構，讓不同背景的學生從中得到發展的能量。

二｜校園霸凌、性霸凌與性騷擾

　　學校文化的政治性除了教育行政單位、教師及次文化等群體互動與形塑，學生之間的同儕文化更是一種檯面下、教師不可見（invisible）的次文化，但可能對學生的生活、學習、到生存，產生很大的影響。

（一）妳／你所不知道的學生性／別文化

　　電影《辣妹過招》（*Mean Girls*）描述一群校園美女如何在成為風雲人物之後，開始對長相平凡的女孩冷嘲熱諷，甚至試圖將她們孤立於群體之外。這樣的景況不只出現在電影，在英國，許多學童不敢上學，因為想要逃避可能在校園中發生的悲慘情況，例如：被嘲諷、斥責、被孤立、被偷晚餐錢或被其他襲擊等。最近，還有一種最新型的折磨方式——威脅傳無數的簡訊到對方手機。因此，開始有一些父母決定在家教育自己的孩子，以免在校被欺凌。依英國兒童扶助專線（ChildLine）估計，每年至少有十六個孩童因在學校被欺負而導致自殺（英國《泰晤士報》，2004 年 6 月 6 日）。

　　16 歲的英國學生凱薩琳被發現在車庫上吊自殺。遺言清楚寫著她在學校如何被欺凌，事實上她沒有被打，只是因外貌不討喜而被孤立起來。凱薩琳的媽媽主動告訴記者：「暴力並不是看得到的傷害而已，看不到的反而更嚴重。暴力發生在每個教室、每個角落，我希望你可以發起一個運動，救救更多的年輕生命，來紀念凱薩琳！而非只是一則報導而已。」（ibid.）屏東高樹國中學生葉永鋕也與英國的凱薩琳一樣，不同的是前者為他殺、後者為自殺。凱薩琳的自殺，若深探其潛藏原

因，或可說為「他殺」，是校園的霸凌環境將凱薩琳逼入絕境。

　　2006 年兒福特別針對兒童校園性霸凌現況進行調查，結果顯示，超過半數的孩童有性霸凌的受害經驗，八成的孩子有旁觀經驗。性霸凌種類中，六成六是關於性或身體的嘲笑；男性學童容易碰到的性霸凌行為是被強行脫褲或摸下體，女性學童則是被嘲笑「男人婆」；這些有性霸凌受害經驗的學童中，有三成是每週發生、一成五是幾乎天天都會發生。上述調查正是以全臺灣地區國小四、五年級學童為對象。校園性霸凌並非用「反社會行為」一詞就可以解釋，而是介於口語戲謔與性侵害之間社會文化實踐的延續。學生之間的紛爭一直是充滿了性，且與社會文化對性別的歧視有關，不是學生的「個人問題」而已。校園性霸凌與孩童對性（sexuality）的認知與了解息息相關，需要更細緻的研究才能真正對症下藥。

小孩子懂什麼？

　　當我們一出生，就開始進入社會化的過程，而在阻力最小的一條路中，性別二分卻是最簡單、最容易被了解，也是社會再現最容易被指認出來的。當出現不符合孩童在家庭中習得的性別法則時，孩童會拚命想辦法找證據去維持他／她們想像中的性／別社會，以符應認知上的一致性。如第二課「觀看性別」所述，孩童對性／別呈現某種程度的「知」，並非我們想像中的「無知」，但他／她們可能「不知」自己已經被網羅在異性戀的論述與操演之中。所謂的「成年人」或許認為自己已成熟到知道或可以知道有關於「性」相關的知識與活動，而這部分是孩童不應知道、也還不知的，但他／她們可能「不知」孩童不但用他／

她們的方式去「知曉」社會教導的性／別知識，也正在用身體與同儕互動操演著「知」。

打破孩童什麼都不懂的迷思，我們應該更進一步思索如何在孩童大量接收外界「性」資訊的同時，就給予適當的性與性別識讀能力的教育。性教育沒有「時間太早」的問題，而是如何設計不同年齡脈絡需要的內容，並從社會層次，讓學生及教師理解性／別笑話背後的意涵。教師若對小學生同儕之間的性／別笑話充耳不聞，以為開開玩笑無妨，無形中也削弱了性與性別教育的努力。

在以異性戀為主流的社會與學校中，不符合性別二分的任一形式表現，就容易成為被攻擊的對象，校園性霸凌（sexual bullying）因此成為校園霸凌的主要形式之一，因性傾向遭受性霸凌的狀況尤其更多。根據英國《獨立報》（*The Independent*）引用校園同志權益倡議團體「石牆」（Stonewall）的統計，全英國約有 6 萬名學童成為恐同學生霸凌行為的受害者；有四分之一的中學教師曾通報說他／她們有注意到恐同學生對同志學生的肢體暴力行為。許多形式上的校園霸凌事件，如肢體霸凌、口語霸凌或關係霸凌等，若深究其中原因，與校園及大社會中的男子氣概論述形塑和氛圍息息相關。

「霸凌」是臺灣近二十年來教育界出現的新語彙，然而絕對不是一個新現象。它一直存在於各種場合，包括工作、家庭、監獄及療養院或養護中心等，其中最受矚目的是校園霸凌。近兩、三年來，校園性霸凌事件在臺灣被媒體擴大報導，教育部因此也發函各校加強宣導。

鑑於近期青少年利用網站上傳校園霸凌、吸食K他命（拉K）等毒品、性侵害、性騷擾事件等影片之亂象頻傳，為防制學生因炫耀引起之仿效負面效應，各級學校應加強學生網路使用認知素養、尊重個人隱私權益，落實品德與法治教育，防制學生違法上傳不當影片。本部於97年7月16日以臺軍（二）0970138401號函發「防制學生將校園霸凌與不雅影片上傳網站散布預防輔導作法暨相關法治教育」參考資料，請各縣市政府及各級學校納入97學年法治教育課程參考資料，加強宣教。

「防制學生將校園霸凌與不雅影片上傳網站散布預防輔導作法暨相關法治教育」本身的意涵值得進一步探索。該函重點放在防制上傳不雅影片，而非從源頭防制校園霸凌。再者，宣導固然重要，校園霸凌問題難道只是學生網路素養不足、品德與法治的問題而已嗎？這些關於性或身體的霸凌，會不會觸及到性騷擾的法令問題？下面我將分別說明校園霸凌、性霸凌與性騷擾的定義，藉以釐清三者之間的關聯性與區別。特別要提醒的是，下面呈現的許多定義與概念，是從西方脈絡發展出來的，具參考價值，但由於臺灣社會經濟文化脈絡的差異，期待更多本土經驗出發的研究，更充實與具體化校園霸凌、性霸凌與性騷擾定義與意涵上可能的差距。

（三）校園霸凌

一般「常識性」或常民式對「霸凌」的看法，僅限於身體上的倚強凌弱，只要沒有身體上傷害，就不構成霸凌行為。這也是為什麼當上

述英國小孩凱薩琳的母親指控「教育部官員不太搭理我們，學校也不跟我們談，地方政府也宣稱因爲凱薩琳身上找不到被施暴的痕跡，因此不見得眞的被欺負了！」（英國《泰晤士報》，2004 年 6 月 6 日）。Boulton（1997，引自 Sanders, 2004）訪談西北英格蘭地區一百三十八位教師，發現四分之一的教師不相信霸凌包括漫罵、散布謠言、眼神威嚇或掠奪他人財物。他／她們認爲的霸凌是 (1) 打人、推擠、敲擊；(2) 強迫他人作他們不想做的事；(3) 脅迫他人。事實上，情緒上的騷擾與霸凌雖然不可見、很難界定，也很難證明，但受害者的痛苦程度可能不亞於肢體上的霸凌。

歐洲對霸凌（bullying）的注意，並開始標示爲「問題」遠早於美國，一般認定始於 70 年代挪威學者 Dan Olweus。Olweus 與他的同事發現，在挪威許多相當受矚目的青少年死亡事件，都與霸凌脫離不了關係（Roberts, 2006）。Olweus 對霸凌的定義爲「曝露在長期、重複性的負面行動中，霸人者可能是一個人，也有可能是一群人」（Sanders 2004; Roberts, 2006）。Dan Olweus 與其他學者共同主編的《學校霸凌的本質：跨國的觀點》（1999）中負責寫作瑞典與挪威兩國，在此書中，他對「負面行動」（negative action）有更清楚的定義：「負面行動可能是身體的接觸、語言或用其他的方式，像扮鬼臉、不雅的姿態等，或者故意將某人孤立起來」（頁 10）。Roberts（2006）進一步闡釋「負面行動」是指以**目的性**的動作，**意圖**傷害他人或令他方感到不舒服。我將「目的性」、「意圖」用粗體字，以凸顯「負面行動」的兩個主要元素。

一般學理上對霸凌的定義，如英國教育與技能部委託 Peter Smith 教授寫成的一份報告書「霸凌：不要在緘默中受苦——學校反霸凌指南」（Bullying: Don't Suffer in Silence-an Anti-bullying Pack for Schools）指

出，霸凌的三種主要特徵為 (1) 蓄意傷害；(2) 持續一段時間；(3) 受害者很難去抵抗。霸凌的三種主要形式為(1)肢體上：打、踢、掠奪財物；(2) 言語上：辱罵、羞辱、冒犯性的語彙；(3) 非直接：散布他人不好的情事、孤立某人、使他人成為惡意流言的主角，或從手機或電子郵件傳送惡言等。

既然時間的持續性是對霸凌認定的條件之一，偶發性的騷擾或傷害則不構成霸凌。Smith 與 Sharp（1994，引自 Sanders, 2004）認為霸凌的連續性與重複性本質來自於「系統性的權力濫用」，因此受害者很難去抵抗。Olweus（1999）認為，霸凌與力氣上的懸殊或權力關係的不對稱有關，例如：受害者可能體力上或心靈上明顯較脆弱；也有可能人數上的懸殊，例如：一群人對一個人等。Roberts（2006）延續 Olweus 的看法，認為霸凌與權力和控制有關。

個人之間的權力與控制面向固然重要，Olweus 和 Roberts 都僅從個人層次來說明不均衡的權力關係，較沒關注到社會結構層次的權力關係。從 Smith 歸納出受霸凌者孩童的特質，我們可以看出社會結構層次可能的影響。Smith 指出，容易成為霸凌受害者的孩童通常：

- 學校中沒有好朋友。
- 個性內向害羞。
- 來自過度被保護的家庭環境。
- 少數族裔的背景。
- 表現上明顯的不同，例如：口吃或有口語表達的問題。
- 特殊需求的學生，肢體上或其他方面有障礙者。
- 行為上被認為不適當，或是「很煩人的人」。

‧擁有昂貴的個人物品，像手機、筆記型電腦等。

上述受害者孩童特質除了「學校中沒有好朋友」、「個性內向害羞」有較強烈的個人因素特質外，其他大多跟社會因素有關，包括家庭社經背景、階層、弱勢群體（身心障礙者或少數族裔）及其衍生的「行為適當與否」等，都與社會權力關係息息相關，不過這部分在霸凌定義中鮮少被指出或強調。

(四) 性霸凌

校園性霸凌（sexual bullying）為校園霸凌的主要形式之一，尤其在中學，當性徵正在成熟的過程，女學生在身體與情緒上的發展都比男學生早的情況，校園性霸凌現象更值得關注。然而這方面的研究不管在國內外都相當少，並且許多採用先驗（*a priori*）的量化研究，由於量表或問卷僅從研究者（通常是成人）的假設出發而設計，受試者（通常是學童或中學生）只能從有限的選項中勾選，難以呈現性霸凌的真實狀況（Duncan, 1999）。許多相關研究從教育心理學角度出發，用常識型的方式、低度理論化的假設看待性霸凌（Larkin, 1994; 引自 Duncan, 1999）。也有一些研究僅從男性對女性的性騷擾角度來看，忽略了學校作為一個特殊的社會機構，性別之間互動的檢視（Duncan, 1999）。

英國學者 Neil Duncan 因此從性別研究的角度重新看待性霸凌，用民族誌的方式連續五年在英格蘭 Midlands 區域某中學進行研究。作為一個參與觀察者（participant observer），他不急著先對性霸凌下定義，而以紮根理論檢視並尋找出性霸凌背後更深固的社會結構問題，包括同

儕之間性別化（gendered）的權力關係，如何產生行為、態度與物質上的性霸凌，尤其在高度理性化與階層化的學校機構中，進而對當前許多既有的定義進行挑戰。

這邊的「性別」（gender）是一種「社會性別」的概念，指涉性別是由社會文化所建構，以與生理性別（sex）的概念有所區別。早在 1935 年，瑪格麗特・米德（Margaret Mead）的研究「三個原始部落的性別與特質」已說明 sex 與 gender 的區分；歐克利（Ann Oakley）在 1972 年於《性、性別與社會》一書中，指出西方社會認為女性所謂「自然」、「天生」的特質，事實上是由社會壓力及制約內化而成的，她將這過程稱為性別化（gendering），也就是把 gender 這語彙當動詞使用，用 -ing 代表這是一個不斷進行的過程。當然，gender 跟 sex 的區分便於解釋，但過於簡化。性（sex）本身是一種性別化（gendered）的類屬，因此性別（gender）可被定義為性（sex）的文化性詮釋，是「身體的重複形式化，也是在高度嚴謹規範框架之內一組重複行為，隨著時間固定下來，製造出本質的表面及自然存有所呈現出來的樣態」（Butler, 1990: 33）。性別作為一組管制的論述，讓主體執行／表演特定的行動／動作，以維持規範的清楚界線，例如：讓男生看起來就是男生，女生看起來就像女生，從外表行為可清晰判定。

Duncan 在他博士論文改寫成的書籍《性霸凌：中等學校性別紛爭與學生文化》（*Sexual bullying: Gender conflict and pupil culture in secondary schools*）不說明哪些行為是性霸凌，只在最後結論的部分提供一些他在學校場域發現的「性化的性別紛爭」（sexualised gender conflict）的模式，包括性化的辱罵與口語虐待、與性相關的表演戲謔、嘲笑身體表態、對性行為的批評、散布謠言、恫嚇型的性邀約、威脅性

行為、不受歡迎的接觸與肢體上的攻擊等。Duncan 認為上述情況並非用「反社會行為」一詞就可以解釋，而是介於口語戲謔與性侵害之間社會文化實踐的延續。換言之，學生之間的紛爭一直是充滿了性，且與社會文化對性別的歧視有關，不是學生的「個人問題」而已。

學校充滿了性／別政治。Duncan 認為學校組織有意無意間形塑學生的「性化的性別認同」（sexualised gender identity），包括對肢體的壓縮、對正常與競爭的強調、年齡階層化，以及校方對性的否定態度。使得男同學帶著恐同（homophobia）與厭惡女性（misogynist）價值形塑後的性認同離開學校。許多女同學則是因此對性產生負面的看法，造成帶著低落的自尊進到下一階段的學校或社會中。

前述 Peter Smith 幫英國教育與技能部寫成的報告「霸凌：不要在緘默中受苦——學校的反霸凌指南」中指出，性霸凌包括 (1) 狂虐型的漫罵；(2) 對外表、吸引力與青春期逐漸顯現的性徵多所批評；(3) 不適當與不受歡迎的碰觸；(4) 黃色笑話及性邀約；(5) 黃色書刊或有性意涵的塗鴉；(6) 最極端的形式是性侵害或強暴。英國一個女性組織「友善女性」（Womankind）曾到英國各地，與學校年輕人共同發展出一份「終止校園性霸凌實踐準則」，開始納入青少年的聲音，也對性霸凌有更具體的說明：「性霸凌是因為個人之性或性別，在肢體或非肢體上所招致的霸凌行為。性或性別被用來作為一種武器。它可能當面發生，也可能在背後或運用科技的方式進行。」他／她們用一些具體的情況來說明，例如：

1. 用一些字眼來影射某人的性傾向，以達到羞辱的目的（例如：用「gay」來形容某人或某事物，意味這是不好的）。

2. 用具性意涵的話來汙辱某人（例如：像「slut」來形容跟許多男人上床的女人）。

3. 使用威脅的言語或笑話，造成對方的恐懼，例如：開玩笑說要強暴某人。

4. 閒聊中散布有關某人性生活或性傾向的謠言，包括塗鴉在內。

5. 讓別人感覺不舒服的碰觸。

6. 碰觸別人不喜歡被碰觸身體的部位。

7. 強迫他人作出與性相關的行為。

值得注意的是，上述情況並非全是男同學霸凌女同學的單一方向而已，校園性霸凌呈現出多方向性，男同學會霸凌男同學與女同學，女同學也會霸凌女同學與男同學，且在不同年級隨著男女性徵與心智上的轉變，霸凌的形式與對象也會跟著改變（Duncan, 1999）。因性傾向而遭受性霸凌的狀況尤其更多。換句話說，許多形式上的校園霸凌事件，若深究其中原因，可能與性霸凌有關，但校方不見得對此有任何處置。

（五） 性騷擾

下面我先討論性騷擾的定義，再試圖釐清性騷擾與性霸凌之間可能的關係。一般對性騷擾的定義是「不想要且不受歡迎，具有性本質之行為」（Larkin, 1997）。Paludi（1997）認為 Fitzgerald 與 Ormerod（1993）的定義最有用，他們對性騷擾的定義如下：

性騷擾是在有差距的正式權力脈絡下，透過具性別歧視意涵或性相關之言論、要求或條件，一種性化（sexualization）的工具性關係；性騷擾也可能發生於不具正式權力差距的脈絡，只要該行為被認為是不想要的。（頁556）

Paludi（1997）更具體說明上述定義的四個要件：

1. 該行為是不想要且不受歡迎的。
2. 該行為是有性意涵的，或與個人的性有關。
3. 這種行為大多發生在某人權力大過另一人的情況下。
4. 在了解性騷擾是否發生時，行為（behavior）本身的影響比意圖（intent）更為關鍵。

澳洲學者 Robinson（2005）綜合 Lin Farley（1978）與 Jacqui Halson（1991）的性騷擾觀點，特別針對中學生男子氣概的形塑與性騷擾之間的關聯性進行討論，並對性騷擾重新定義如下：

個人在當時或事情發生後，感受到他方在身體上、言語上或與性相關之行為是為確認他／她的性認同（sexual identity）高於自己之上，導致產生下列感覺之一，包括尷尬、害怕、傷害、不舒服、無用感、羞辱或妥協，進一步使得個人喪失權力與自信。（頁21）

由上述引言可看出，Robinson 對性騷擾的定義，除了個人主觀感受外，還要看社會性別與權力對個人主觀感受的影響。Larkin（1997）的定義更直指性騷擾是父權社會下，男女之間權力不均等的一種性別主義呈現。Herbert（1992）也認為性騷擾是權力的一種呈現，包含個人與機構性權力的組合與共同作用，對地位較低或較沒有權力者以性或性別為武器進行的騷擾行為表現。在臺灣，2004 年 6 月 23 日公布的《性別平等教育法》第 2 條第 4 項，對性騷擾的定義與看法跟上述學者有共通之處。具體條文規定如下：

性騷擾：指符合下列情形之一，且未達性侵害之程度者：
· 以明示或暗示之方式，從事不受歡迎且具有性意味或性別歧視之言詞或行為，致影響他人之人格尊嚴、學習、或工作之機會或表現者。
· 以性或性別有關之行為，作為自己或他人獲得、喪失或減損其學習或工作有關權益之條件者。

〈立法說明〉內有進一步的解釋：

　　性騷擾定義中所謂不受歡迎且具有性意味之言語或行為，係指被害人所不喜歡而與性有關之接觸，如撫摸頭髮或肩膀、提出要求發生性行為或服務、性意味之言語或行為如三字經、黃色笑話、取笑異性身材、展示色情圖片、暴露狂等；性別歧視係指基於性別、性別特質、性取向所為而含有歧視之行為。

由上述學者對性騷擾的定義與看法，我們可以發現儘管使用的詞彙不同，卻有某種程度的一致性，除了行為本身是不受歡迎的，支撐行為的性別權力關係則更值得探究，或許也是杜絕性騷擾的正本清源之道。

學術上的定義與常民式的理解往往產生落差，而這差距往往決定政策實踐的情況。在校園中，教師與學生對性騷擾有非常不同的定義與理解。依 Fitzgerald 等人（1988，引自 Paludi, 1997）的研究，學校教職員否認師生之間存有權力上的差異，學生則有相當不同的看法。由於本文聚焦於同儕之間性騷擾，對這部分暫不討論。Larkin（1997）認為定義的模糊有其必要性，因為很多因素都必須被考慮進來，包括聲音語調、肢體語言、引發行為的脈絡、脈絡對被騷擾人的影響及其動態權力關係等。Larkin 對中學女生的性騷擾研究中，不先給受訪的女學生任何定義，只讓她們用自己的語言去陳述自己的經驗。Larkin 很驚訝的發覺，女學生陳述的性騷擾都很接近強暴或性侵害的情況，研究者藉由研究過程的團體討論，女學生的性騷擾定義才開始擴充。

（六）校園霸凌、性霸凌與性騷擾之相關性

校園性霸凌為校園霸凌的主要形式之一，通常校園性霸凌指涉同儕之間與性相關的霸凌行為。校園性騷擾則不一定發生於同儕之間，師生之間也會發生且更受關注。性霸凌除了包括一般同儕性騷擾的情況，也含括強暴與性侵害的極端作為。三者除了範圍上互有含括與交織的部分，也有兩個共同面向，下面我特別提出來說明。

第一，都被認為是自然的行為，只要過了某段時間就好了，因此沒必要干涉。就如霸凌被認為是「成長必經的過程」，Larkin（1997）在

加拿大某中學的研究也發現，教師通常將性騷擾歸因於生理因素，教師與男女學生都認為性騷擾是「正常」行為。Robinson（2005）發現，男學生認為自己對女同學的性騷擾行為——「只開個玩笑嘛！」「就是鬧劇一場嘛，那正常啊！」「一些女同學自己要求的！」「（沒做的話）那我的朋友會怎麼說？」性騷擾儼然成為異性戀霸權社會中，男子氣概與男性認同形塑過程中的一種手段與確認過程。

第二，都與權力關係有關。權力上的傾斜鋪陳校園霸凌、性霸凌與性騷擾的「養分」與可能性。權力的不對等有可能來自於個人的體型、力氣、能力、外表長相、種族／族群、階級、性或性別差異等，更是與結構性的權力息息相關且彼此增益。例如：父權、異性戀社會、成就取向、社會階級與主流社會群體的價值等，都會影響權力的內涵與對權力的評斷等。Robinson（2005）因此特別呼籲注意國民中學男子氣概的建構與對女學生性騷擾其間的關聯性，尤其校園性騷擾事件不能只是「處理性騷擾事件」的本身而已，更重要的是如何將之鑲嵌到性別平等教育之中。另一個重要問題是，性騷擾往往伴隨著族群與階級的弱勢更為加劇（Larkin, 1997; Robinson, 2005），只是相關研究不多，於此無法進一步闡述。Robinson（2005）提醒，尤其要注意許多不同形式的男子氣概正在增生中，以表象上看似不具攻擊性的方式進行著，因此處置方法或防治策略必須有不同的作法因應。

上述的權力面向與自然面向其實是相關聯的，權力關係的傾斜使某些現象成為「理所當然」或將之「自然化」，有權的一方通常掌握定義權——他們定義何為「問題」、何為「自然」，成為政治下的產物。學校場域更是如此，Larkin（1997）批評學校處理性騷擾採用的「藥到病除」的方式絕對是不足的，學校教師與行政人員必須能夠檢視課程內容

與教室實踐（practice）中的性別偏見。學校教師尤其可以考慮將社會各種資源引到學校教育過程中。在臺灣，學校彷彿圍牆內的小社會，學校與社會之間的聯繫相當薄弱，可能無形中浪費了許多社會可用資源，某種程度也加重教師本身的負擔。英國「性與關係教育指南」指出教師不是全能，「性與關係教育」也非全然是學校的責任，因此如何引進校外資源協助自己的教學顯得格外重要，這也是社會非營利組織可著力之處。

三｜邊緣友善學校如何可能？

　　2020 年新冠肺炎疫情期間，最美的風景是在 4 月 13 日中央流行疫情指揮中心的記者會上，全員都戴上粉紅色口罩，希望藉此減少小男孩對戴粉紅色口罩的抗拒，並呼籲全民打破性別刻板印象。

　　性別教育這幾年來在臺灣普遍受到重視，包括檢視教科書、教師性別意識等研究逐漸指出教育上可能的性別問題，有關學校本身形塑性別的過程，則有筆者進行一個學校的案例研究，並寫成〈性別化學校的形塑過程〉（2007）一文，此研究首先對學校組織中立性的假設提出質疑，並進入一所中學作探索性的研究，從訪談與觀察資料中重新抽絲剝繭，看學校如何透過製造性別差異的論述，如何透過「強」與「弱」的定義形成學校組織的階層化；再以男／強、女／弱的差異性別特質，作為職業隔離的依據，由此也產生行政與教學的科層之分。即使在行政領導內部，又因工作內涵的性別化特質，再度產生區分、隔離與階層化現象。透過學校各種論述及制度安排的重新檢視，本文指出在學校制度表面上的平等的背後，可能隱藏更性別化的本質。

（一）解構顏色「性別化」

　　小男孩對戴粉紅色口罩的抗拒，是整個社會一起促成的，也需要由整個社會一起來解構。

　　對於「性別化」（gendered）的理解，必須先從「性別」（gender）一詞的意涵開始。「性別」（gender）是一種「社會性別」的概念，指涉性別是由社會文化所建構，以與生理性別（sex）的概念有所區

別。早在 1935 年，瑪格麗特‧米德（Margaret Mead）的研究「三個原始部落的性別與特質」，已說明 sex 與 gender 概念上的差異。歐克利（Ann Oakley）在 1972 年《性、性別與社會》一書中，指出西方社會認為女性所謂「自然」、「天生」的特質，事實上是由社會壓力及制約內化而成的，她將這過程稱為性別化（gendering），也就是把 gender 這語彙當動詞使用，用 -ing 代表這是一個不斷進行的過程。性別化（gendered）一詞指涉生理性別（sex）在社會文化建構影響之後的結果。

然而顏色「性別化」（gendered）的現象，不只出現在口罩，而是從我們一出生就不斷進展的歷程，例如：若是生男孩，通常送的彌月衣服很少出現粉紅色，因為那被視為「女孩的顏色」。再者，我們讓孩子看什麼樣的卡通，這些卡通傳遞出什麼樣的性別訊息、大人們對於小男孩穿粉紅色衣服的反應等，都在逐漸內化鞏固顏色「性別化」的性別二分。

除了性別刻板印象，還有性別權力結構。2020 年大學部「教育議題」課程，我讓學生進行性別媒體分析工作坊。有學生問到她／他們好像只能針對性別刻板印象的部分進行分析，不知道除此之外，還能有什麼樣的分析角度？我說：「除了性別刻板印象之外，還要更深入的看到這些刻板印象背後的權力結構」，例如：能夠理解資本主義、父權體制等權力關係對性別的影響，因此能夠指出課程、教科書或機構／場域中的性別限制，能進行組織的性別結構分析（包括誰控制、誰參與、誰享有資源⋯⋯）等，就如筆者在《性別教育：政策與實踐》（2015）最後一個章節談到的「性別識能」（gender literacy）不同階段性的層次向度。

（二） 性別議題不是只推給輔導室就好

曾到世新性別所演講。學生問：「性別教育推動的過程中，是否曾有類似如何幫助學校打造對職員性別友善環境這方面的討論？」

首先，教育界對於學校文化的研究很少；再者，要打造對職員性別友善環境，校長或部分關鍵行政人員通常扮演重要的角色。倘若行政人員只把性別議題推到輔導室，而不從整體學校組織、制度、文化、校規、課程、輔導等面向重新檢視，性別相關問題在校園依然會層出不窮。

（三） 現存的「性別化的學校文化」為何？

一般組織文化強調男性特質，很容易貶抑或邊緣化女性的貢獻。男性組織文化（masculine culture）的幾個特徵，包括強調「堅強」、不輕易表達自己的情緒、不去處理或指出情感相關的問題、對競爭力的強調、分層的權力關係及溝通管道等。男性組織文化會產生性別化效果（gendered effect），形成一種男性就比較「適合」行政、女性「適合」諮商輔導及教學等工作的連結與歸因。

學校組織文化也會呈現在辦公室的日常對話中，接行政工作的年輕女性教師可能被迫在辦公室中接受並不好笑的性別笑話，卻很難有力量反駁。學校一有新的男教師進來，就趕緊指派行政工作給他，特別是生教組，因為覺得男教師才「壓得住」。性別作為一個可能的歧視來源，我們需要更深入檢視與拆解學校文化中的性別質素，才能更清楚呈現它不平等或歧視的內涵形式。

　　校園內教職員角色分工，是學生日常觀察模仿與角色認取的對象。在中小學金字塔型的人事結構中，底層的職員與基層教師以女性為主，而上層的主任、校長則大多為男性。隨著學校層級的提高，女教師的比例也快速下降。以 2016 年（105 學年度）為例，小學階段有 83.8% 的教師為女性，但只有 30.5% 的校長為女性，顯示人數上的多數並不等同於權力上的強勢。而大學階段 34.2% 的教師為女性，更只有 7.1% 的大學校長為女性，在人數與權力位階上皆屬於少數。學生習於男性校長發號施令、女性教職員遵從配合的景象，很容易把社會間男女地位的不平等視為理所當然。

　　強調男性氣概的行政文化、職業隔離的技術、性別化的工作分配、行政領導與教師階層的營造、處室組織位階的生成，以及學校行政職位升遷制度本身，都是造成學校仍以男性領導為主的因素。

　　學校文化是在學校活動背後一種不可見、觀察不到的力量，富含著性別政治權力關係。但這樣的再現是很隱諱，因此很少受到注意或質疑，成為性別不平等或歧視的來源，或成為性別文化再製（reproduction）的潛在課程。因此，對於性別組織文化的全面檢視與了解，是邁向性別平等重要的一步。

（四）性別友善的教育行政體系與政策

　　檢視校園潛在課程，教師的性別敏感度與性別素養扮演著關鍵角色。如何鼓勵學校中具性別意識的教師發聲與自在的行動，讓學校組織生成友善性別的文化，而非再製甚至強化原有的社會性別關係，都是決策者及執行者需要好好思考的層面。

　　總的來說，從教科書內容、師生互動、課外活動、服儀規定，到空間設計、校園安全與教職員的人事結構，學校雖然沒有標明任何性別教育的目標，卻往往傳遞著「男外女內」、「男尊女卑」、「男動女靜」、「男強女弱」的二元對立性別刻板印象與性別分工原則。也就是說，學校無時無刻都進行著性別盲的父權「潛在課程」，難怪雖然男女教育機會已經非常接近，但男女兩性及性別弱勢族群在人身安全、工作、政治與社會參與等方面，持續有著很大的差距。因此需要在更廣大的教育行政與政策中，進行更多性別角度的審視，才能營造真正性別友善的教育環境，讓不同性別學生都能有機會展現自己的潛能。

　　《性別平等教育法》已實施超過十年了，儘管法律的核心在於推動符合性平精神的教學、課程、學習環境等，尊重多元性別差異，消除性別歧視，但各級學校及教育單位往往把重點放在校園性侵害、性騷擾或性霸凌事件的處理，忽略了性別平等素養的培養，才是治本之道。否則，未來可能的**性別事件可能不是幾位男性官員戴起粉紅口罩就能解決的**。

　　實驗三法通過之後，各種實驗型態如雨後春筍般，近年來也開始出現原住民實驗學校、新住民實驗學校等。我在想，有沒有可能出現一種「性別友善實驗學校」？那是一個讓喜歡粉紅的小男孩也不會被霸凌的校園友善空間，特別是同志專法通過之後，校園如何回應？學校教師恐怕準備不足，需要加把勁。或許有「性別友善實驗學校」，讓教育界看看「性別友善學校」長什麼樣？

第五課

成為未來教師

（李芸蓁小朋友的第一張電腦繪圖）

芬蘭期待未來的教師，應具備文化、社區與社會覺知能力，能夠進行平等之開放性對話，且具終身學習能力，能夠成為帶領整體社會改變的火車頭。瑞典社會也期待教師具備重建社會（rebuild the society）的能力，那我們未來的教師圖像又是什麼？

一│教師作為有機知識分子

法國社會學家涂爾幹（Emile Durkheim, 1858-1917）於《社會分工論》（*The Division of Labor in Society*）中，分析初民社會與工業社會中，社會秩序（social order）之所以能夠維持的方式。傳統社會秩序的維持，奠基於成員彼此之間的共同性與同質性，他稱為「機械連帶」（mechanical solidarity）。進到工業資本主義社會之後，複雜的分工需要異質性和個人特殊性，然而彼此之間卻也產生更緊密的連結與互賴，形成一種「有機連帶」（organic solidarity）。涂爾幹認為，在不同社會型態中，社會分工的方式總是回應著不同的社會需求；從初民社會往工業社會發展過程中，失序、風險或混亂也都是不可避免的，一旦通過混亂期，社會就可以進到另一個成熟的階段。

丹尼爾・平克（Daniel H. Pink）在《未來在等待的人才》一書提醒，我們正從一個講求邏輯與計算機效能的資訊時代，轉化為一個重視創新、同理心與整合力的感性時代，未來具有「重設計」、「說故事」、「整合」、「關懷」、「會玩樂」、「重意義」這六種能力的人才將脫穎而出。臺灣歷經 1990 年代至千禧年後的快速變遷，社會型態日趨多元與開放，我們的教育及其源頭的師資培育應該如何回應這樣的未來風景？在具「有機性」的教育型態下，教師應具備什麼樣的特性？如何成為（becoming）未來教師？或許我們可先從教育方式開始思考。

當全臺籠罩在黑心商品雲霧時，民間開始掀起一股有機潮。有機農業是對土地最良善、最能生生不息的方式，原本使用農藥的慣行農法土地，在一段時間的有機栽種後，原本的生態圈均衡了，各種生物能夠

互生共存，使原本很少見的生物也都回來了。「慣行農法」指的是「大家習慣了的農法」，指從 60、70 年代綠色革命的時候，以農產最大獲利或產量為考量，開始使用農藥及化學肥料，之後大家也習以為常的使用，直到察覺「慣行農法」對身體、對生態環境可能造成的問題，有機農法才再次受到青睞。

倘若將教育場域看成一畝田，學生為田中作物，教育方式即為不同的農法，於焉產生兩種理念型（ideal type）的教育方式——我稱之為「慣行教育」與「有機教育」。「慣行教育」用許多填鴨的方式（農藥及化肥），讓學生（農作物）拚命直直往上竄，老師（慣行農人）眼睛看到的是學生的成績（長的好與否），在意的是學校升學與績效表現（是否能在市場上賣到好價錢），至於對消費者（社會中的他／她人）或環境（社會）的傷害，就不在考量範圍了。理念型（ideal type）一詞出於社會學家韋伯（Max Weber, 1864-1920），為社會科學研究分析的概念性工具。換言之，「慣行教育」與「有機教育」兩個詞彙並非一般所想像的二元對立（即常民最常用的 A vs. B、壞／好、非／是）關係，理念型（ideal type）只是一種便於分析的工具，在兩者之間存在多元形式與差異。

當社會開始變遷後，我們看見「慣行教育」下訓練出來的學生不見得能夠在全球競爭的環境下脫穎而出，一些長得小小的、不漂亮的有機農作，反而在各個角落發光發熱。有機農作不會直挺挺的自己長就好，因為成長端賴整個生態系的維持，它就是生態系的一員，在長成後自然也會負擔起生態社會的責任，這是「有機教育」（organic education）的理念型。在有機教育中，所有學生的各種能力都有其價值，也能夠有所貢獻。在有機教育的沃土中能夠培養出「有機知識分

子」，也是對他／她人、對健康、對自然或社會環境，甚至是文化的延續與再生最好的方式。

為何未來的世界需要有機教育？以社會階級（social class）為例，教師必須先能夠理解自身與學生階級文化的差異，造成學習資源與表現的不同。談階級，不得不談法國社會學者 Pierre Bourdieu。Bourdieu 的階級取徑貢獻在於跳脫常民式的階段概念，將社會位置的諸多決定因素分解為不同種類、不同數量的資本（經濟資本、社會資本、文化資本、象徵資本），然後解釋身處社會場域不同位置的行動者所持有的特定資本組合，以及這些組合所產生的結果（Sayer 著，國立編譯館主譯，陳妙芬、萬毓澤合譯，2008）；換言之，Bourdieu 提醒我們階級不僅是經濟資本上的差異，還包括文化、社會、教育、語言及其他形式的資本，讓我們能夠分析不平等諸多來源之間的互動。

階級在多元文化教育中經常被忽略（Troyna and Carrington, 1990），卻是影響學生學業表現很重要的面向。教育整個場域配置，有形或無形、有意識或無意識的有利於中產階級以上學生的學習（Bernstein, 2004）。來自社經背景較低的學生，可能較難擁有足夠的文化資本（例如：課外讀物、益智玩具、電腦、看米勒特展等）（Bourdieu, 2004）達到良好的學業表現。在語言與文化理解上，中下階級的學生較難理解「好」學生使用之精緻符碼（Bernstein, 2004），形成同儕溝通與交流障礙，較難累積 Bourdieu（2004）所稱的「社會資本」。更何況文化與非經濟形式的資本習得的過程相當困難緩慢，並非擁有足夠經濟資本就能立刻達到。

學生與教師之間的階級差異，尤其教師對理想學生（ideal pupil）的想像，都會影響學生的表現（Becker, 1971）。McLaren（2003，蕭昭

君、陳巨擘合譯）引用文化資本中的階級差距來解釋。他認為學校有系統的貶低弱勢學生所具備的文化資本，學校往往重視並鼓勵那些展現主流文化資本的人，教師往往也展現主流文化的資本。因此，弱勢學生的學業表現可能不是個人能力的問題，「而是學校將他們的文化資本貶值的問題」（頁315）。

「慣行教育」不僅讓不諳智育表現或所謂的「壞學生」在教育過程中受挫，無法發揮智育以外的其他能力，對於一般公認的「優秀學生」而言，「學習」與「人生」也變得相當狹隘。謝宇程在《商業周刊》發表的一篇文章，〈一個建中生的告白：我在學校學到最寶貴的一課，來自高三那年最爛的數學老師〉，直接點出「慣行教育」的問題。

> 在學校體系較單一的優劣排序模式之中，因為成績、因為分數，這些白紙上的黑數字，我曾經以為自己「比大多數人優秀」，甚至還以為優秀程度等同於成績排序。在離開教育體系後，我愈來愈發現多元而複雜環境之中，「比別人優秀」這個概念是錯的。許許多多人各有他的長才，是我比不過、也贏不了的。……「克服障礙」的經驗，是我個人從教育體系獲得最深的受益，但同時從社會全體來看，這也是教育體系最值得批判的一點。（http://www.businessweekly.com.tw/careers/blog/12673）

在「有機教育」中，教師比較像是一個引導者、觸發者，激發學生對外在世界與學習的興趣，養成學生自主探索新事物的習慣、自主學習的能力，並培養思考、分析與做判斷的能力。因此，教師光憑教學技巧

是不夠的，還需要哲思能力、社會關懷實踐、跨領域專業和教育知識等作為根基，含括的學門包含教育哲學、教育社會學、教育心理學、多元文化教育、文化研究、批判教育學、女性主義教育學、階級研究、族群研究及障礙研究等。

社會正在改變，教育內容、型態也要跟著改變，社會變遷深深影響著教育的內涵與教育政策的推行，現場教師及教育行政人員若不能了解社會變遷對教育的影響，在教育實踐之路上，可能事倍功半。「有機教育」需要以多元文化教育作為基底，在對性／別、階級、族群、障礙者文化等產生某種程度的理解與尊重後，教師能夠引導不同背景的學生充分發揮其潛能。換言之，**有機教育中的教師必須為「有機知識分子」，而非機械連結的知識分子。教師不只具備教學技能而已，還要能夠教導人跟人之間連結（有機連帶），帶領學生看到人與結構之間的關係，例如：個人與社會、個人與文化的關係，在獨立思考與批判訓練的過程中，讓學生看見自己的能力，或者能夠透過覺醒意識的培養進而自我增能**（self-empowerment）**，在培養了所有人的有用感之後，最後達到有機共鳴、利益共生。**

二 | 教師的多元文化素養

　　從二千年以降，經營管理學界開始談「文化智商」的重要性，更彰顯了全球化快速移動時代，國際移動能力在教育上的重要性。2003年，倫敦商學院教授 P. Christopher Earley 和南洋理工大學 Soon Ang 教授合著《文化智商：個人跨文化互動》（*Cultural Intelligence: Individual Interactions Across Cultures*）一書，把 CQ 與 IQ（智商）和 EQ（情緒智商）並列管理文化的重要課題，強調文化理解與適應新文化情境的能力。

　　2015年6月18日《天下雜誌》報導，一直以來被奉為圭臬的芬蘭教育在 2014 年底啟動新的課程改革規劃，未來將培養孩子的橫向連結能力（transversal competence），這是一種結合能力導向與主題導向的教學及學習新模式。橫向能力由七種能力組成，包括（一）思考與學習的能力；（二）文化識讀、互動與表述能力；（三）自我照顧、日常生活技能與保護自身安全的能力；（四）多種識讀能力（multi-literacy）；（五）數位能力；（六）工作生活能力與創業精神；（七）參與、影響，並為可持續的未來負責。新課綱強調教室內的協作練習，學生在學習數學、歷史、藝術、音樂與其他傳統科目之外，每年至少要參加一項以現象為本（phenomenon-based）的跨科學習，學生甚至能參與規劃自己的學習進度。我們可以清楚看到「文化識讀、互動與表述能力」成為七種橫向能力之一，其他能力的養成也跟多元文化教育息息相關。

　　2019年9月，歐洲教育年會（European Conference on Educational Research, ECER）在德國漢堡大學舉行。在研討會開始前，我先花了幾

天時間到學校走走、看看、讀讀書,回到住宿,再查詢一些有疑問的部分,也跟當地人或學生聊聊,其實就是微田野(micro-fieldwork)的概念。當走到教育學院,令人印象深刻的是,教育學院圖書館內性別專書有兩大列,比例之高,有點不可思議,就連公布欄也貼了許多性別敏感度研習(gender-sensitive training)相關訊息。後來研討會時,再次走進會場之一的教育學院裡面,才終於理解為什麼性別的書籍集中教育學院,因為漢堡大學將教育學院圖書館,變成性別主題圖書館了。此外,**為了積極回應德國社會近年來超高比例的移民議題,未來教師跨文化能力訓練也是教育學院的發展重點**。漢堡大學教育學院的作法是將跨文化能力的訓練,成為學生能力的模組一部分,若自願加入接待國際學生的夥伴計畫(buddy program),可以成為未來拿到跨文化證書(Certificate of Intercultural Competence)的條件之一。

在研討會過程中,我感覺歐洲教育抱持著很正面積極的態度去面對問題、解決問題,特別最後都會回歸到一個很大的教育研究重點——教師教育(teacher education)。如何讓教師有回應這些議題的能力,是一個教育研究重點,更是教育實務上需要誠實面對的議題。當然,各國教育政策的推展有其歷史與社會文化脈絡,最好的政策應是從自己的土壤中長出來的,我們必須先了解臺灣社會面對的議題與挑戰是什麼。

三｜教育是一門什麼「專業」？

對於「教育」，人人皆有經驗，至少都當過學生，許多人也是家長身分，因此似乎人人皆能聊上幾句。在眾聲喧譁之際，我們先思考一個根本問題：教育，是一門專業領域嗎？若是，那是什麼樣的專業？若不是，那「教育」是什麼？

筆者在大一念「教育概論」課程時，教授曾提出「教育是否為一門『專業』的問題」，現在的教育系大一學生依然討論著這個問題。大學部學生曾向系上提出課程改革建議，其中認為在修習教育社會學、教育心理學與教育哲學三門必修課之前，應先規劃社會學、普通心理學與哲學概論相關基礎課程。我相當佩服學生有這樣的睿見與勇氣，教育本身就是（而且應該是）跨領域的，只是當制度、條件限制無法立刻改變時，學生自己應該有所行動，例如：可以到外系、甚至外校去修課，甚至網路上的磨課師（MOOCs）教學都是可運用的學習途徑，這也是自主學習與終身學習的訓練。

不管「教育」是什麼，我們可以先確定的是教育不是慈善事業。許多教育系學生琅琅上口的福祿貝爾（Friedrich Froebel, 1782-1852）名言，「教育之道無他，唯愛與榜樣而已。」我們需要更深層的去思考「愛」與「榜樣」的內涵為何。什麼樣的「愛」、什麼樣的「榜樣」，可以成為教育之道？誰來設定或決定「愛」與「榜樣」的標準？為何是這些標準？為什麼？若「以愛之名」對學校、對教師、對制度的過度要求，可能削弱其專業性。

毫無疑問的，教育是一門專業，一門跨領域的專業。教育相關學系

的師生要比一般學系學得更深更廣，才能因應未來快速的變遷。舉例來說，「性別教育」課程，必先談性別相關理論，才有基礎進到性別教育的討論，這些未來可能的教師方能具備性別敏感度，才不致在教授專業科目或不經意的言語、動作的潛在課程中，呈現性別偏見或歧視。性別研究就是一門跨領域的學術，因此性別教育就是以跨領域為學術基底的教育專業。

不只性別教育是一門跨領域的專業，教育作為一個整體，亦是跨領域的專業。不能跨或無法跨，可能連問題的核心都摸不清。學校並非自外於社會，而是受到社會經濟文化脈絡的影響。然而，臺灣的主流教育相關研究傾向把教育抽離到社會之外，這可能的危機是：以為關起門來學校是學校，社會是社會，因此研究結論及政策作法往往過於侷限，很難觸及或根本看不見教育深層的核心問題。

換句話說，教育的發展必須首先打破「學校教育」獨大於教育領域的思維。**未來教師能夠是一位好的學習者，必須是具備細微觀察能力的人類學家，能夠理解青少年文化、具備跨文化素養，能夠感知學生的需求進行調整；也必須是個社會學家——能從鉅觀（macro-）面綜觀全局，能夠「看見」社會變遷的樣態、「看見」問題的全貌、「看見」社會主流價值對學生行為的影響等。面對未來高度複雜的社會經濟發展，教師的生命厚度、視野與生活體驗必須夠廣、夠厚實，才能具備跟下一代學生斡旋、溝通的能力。**

「接觸」是視野交融的開始，因此我總是鼓勵學生多往校外走。高度覺察與反思能力，讓「接觸」成為自身成長的關鍵，也能反饋到未來的教學活動及互動之中。一位教育系大一的學生參加原住民地區的社團課輔活動，在期末作業中，他寫下一個突發事件如何引發與自身的對

話。

　　○○突然提出想要看看我的錢包之要求。在當下，我猶豫了，並沒有交出我的錢包。或許是察覺到我眼中的遲疑，○○說了一句令我感到慚愧的話：「別擔心，我又不會偷你的錢。」我，×××，學了將近一學年的教育概論，自以為學到些基礎理論就可以略窺教育的門戶。但是沒料到自己卻帶著有色眼鏡看著這群學生，下意識的以為自己比他們高等。我很感謝在第一次平服就發生這件事。這句話打破了我無謂的虛偽，使我能夠在之後的活動更真誠的對待所有學生。

　　善良的居民都和我們熱情的打招呼，我是否就在這過程中盲目且過度的自我膨脹，誤認為自己是一個多麼了不起的人物？……我覺得，來到××，我的手心並非向下，也並不是向上，而是該真誠的伸出我的手，緊緊握住所有天真、活潑的友誼。

　　具反思性的接觸，能夠跳脫既定過度簡化與強化的觀看方式，培養更細膩的觀察與較全面性的分析能力，讓未來的教師能夠了解文化的複雜性與豐富性，也能具備看見結構（structure）的能力，理解行為背後的社會經濟文化因素。在上述引文中，我們見到有反思性的接觸產生的改變力量。

　　未來教師必須具備對文化的好奇與興趣、不盲目跟從主流意見的批判性思考能力等，然後懷著謙卑，自然就可以走入學生的心。質性研究（qualitative research）的基本能力，包括觀察、訪談（或談話）、反

思,甚至跟學生進行焦點團體等,在師資培育過程中不可或缺。作者在教育界近十年來,不管與學生或現場教師接觸的經驗,我發覺當大家聽到要開始了解某議題時,直覺反應通常是「做問卷」!我們試著思考一下:問卷涉及語言理解、主控／宰制文化間的權力關係等,在某種程度的了解與對話之前直接發問卷,恐怕落入問卷設計者既有的主流價值體系之中。若要讓文化結構上的弱勢聲音被聽見,質性研究應該是較好的開始。教師不必然要具備如研究人員般的質性研究能力,但基礎的質性研究能力可協助教師深入探究問題所在,依此能針對不同文化背景的學生,設計有利的學習情境。就邊緣教育學而言,「質性研究」特別能夠訓練未來教師幾個重要能力:(1)「開放性問題」提問與探究;(2) 能夠用「對話」與「觀察」了解問題;(3) 在探究問題與行動過程中,能夠做到互為主體性(inter-subjectivity)的能力,而非單方面的主從關係。如果系上沒有開「質性研究」課程,就去外系、外校修吧!學習如何將整個學校、區域當成自己的大教室,就是成為未來教師的重要訓練過程。

　　妳／你,就是未來教師!

中文部分

成令方、林鶴玲、吳嘉苓（譯）（2001）。見樹又見林：社會學作為一種生活、實踐與承諾（原作者：Allan G. Johnson）。臺北市：群學。

李淑菁（2007）。性別化學校的形塑過程：一個案例研究。教育與社會研究，**13**，121-152。

李淑菁（2008）。英國的性與關係教育。教育研究月刊，**176**，117-124。

劉美慧（譯）（2009）。**教學越界：教育即自由的實踐**（原作者：bell hook）。臺北市：學富文化。

謝小芩、李淑菁（2008）。性別教育政策的形成：從行政院教改會到九年一貫課程改革。**研究臺灣**，**4**，119-148。

英文部分

Arnot, M., & Reay, D. (2007). *Social inequality (re)formed: Consulting students about learning*. London, England: Routledge.

Arnot, M., David, M., & Weiner, G. (1999). *Closing the gender gap: Postwar education and social changes*. Cambridge, England: Polity Press.

Banks, J. A. (2001). Multicultural education: Characteristics and goals. In J. A. Banks & C. A. Banks (Eds.), *Multicultural education: Issues and perspectives* (4th edition) (pp. 3-30). New York, NY: John Wiley & Sons Inc.

Banks, J. A. (2001). Multicultural education: Characteristics and goals. In J. A. Banks & C. A. Banks (Eds.), *Multicultural education: Issues and perspectives* (4th edition) (pp. 3-30). New York, NY: John Wiley & Sons Inc.

Blackmore, J. (1999). *Troubling women: Feminism, leadership and educational change*. Buckingham, England, & Philadelphia, PA: Open University Press.

Blackmore, J., Kenway, J., Willis, S., & Rennie, L. (1996). Feminist dilemmas: An Australian case study of a whole-school policy approach to gender reform.

Journal of curriculum studies, 28(3), 253-279.

Collins, P. (1986). Learning from the outsider within: The sociological significance of black feminist thought. *Social Problems, 33*(6), 14-32.

Corson, D. (1998). *Change education for diversity.* Buckingham, England: Open University Press.

Datnow, A. (1998). *The Gender politics of educational change.* London, England: The Falmer Press.

Duncan, N. (1999). *Sexual bullying: Gender conflict and pupil culture in secondary schools.* London, England & New York, NY: Routledge.

Epstein, D., O'Flynn, S. & Telford, D. (2003). *Silenced sexualities in schools and universities.* Stoke-on-Trent, England: Trentham Books.

Erickson, F. (2001). Culture in society and in educational practices. In J. A. Banks & C. A. Banks (Eds.). *Multicultural education: Issues and perspectives* (4nd edition) (pp. 31-57). New York, NY: John Wiley & Sons Inc.

Foster, M. (1997). Race, gender, and ethnicity: How they structure teachers' perceptions of and participation in the profession and school reform efforts. In B. Bank & P. Hall (Eds.), *Gender, equity and schooling: Policy and practice* (pp.159-186). New York, NY & London, England: Garland Publishing.

Gaskell, J., & Taylor, S. (2003). The women's movement in Canadian and Australian education: From liberation and sexism to boys and social justice. *Gender and education, 15*(2), 151-168.

Guba, E. S., & Lincoln, Y. S. (1994). Competing paradigms in qualitative research. In N. K. Denzin & Y. S. Lincoln (Eds.), *Handbook of qualitative research.* London, England: Sage.

Halstead, J. M., & Reiss, M. J. (2003). *Values in sex education: From principles to practice.* London, England & New York, NY: Routledge/Falmer.

Harrison, J. K. (2000). *Sex education in secondary schools.* Buckingham, England: Open University Press.

Herbert, C. (1992). *Sexual harassment in schools: A guide for teachers.* London,

England: David Fulton Publishers.

Holdsworth, R., & Thomson, P. (2002). *Options with the regulation and containment of 'student voice and/or students research and acting for change: Australian experiences*. Paper presented at the Validity and Value in Education Research, New Orleans, LA.

Joyce, M. (1987). Being a feminist teacher. In M. Lawn & G. Grace (Eds.), *Teachers: The culture and politics of work* (pp.). London, England: Falmer Press.

Kenway, J. (2004). Gender reform in schools: Slip-sliding away. AEU Federal Conference.

Larkin, J. (1997). *Sexual harassment: High school girls speak out*. Toronto, Canada: Second Story Press.

Mahony, P. (2003). Recapturing imaginations and the gender agenda: Reflections on a progressive challenge from an English perspective. *International journal of inclusive education, 7*(1), 75-81.

Marshall, C. (2000). Policy discourse analysis: Negotiating gender equity. *Journal of education policy, 15*(2), 125-156.

Olweus, D. (1999). Sweden. In P. K. Smith, Y. Morita, J. Junger-Tas, D. Olweus, R. Catalano & P. Slee (Eds.), *The nature of school bullying: A cross-national perspective* (pp. 7-27). London, England & New York, NY: Routledge.

Paludi, M. A. (1997). Sexual Harassment in Schools. In W. O'Donohue (Ed.), *Sexual harassment: Theory, research, and treatment* (pp. 225-240). Needham Heights, MA: Allyn & Bacon.

Prosser, J. (1999). The evolution of school culture research. In J. Prosser (ed.), *School culture* (pp.1-15). London, England: Paul Chapman Publishing Ltd.

Roberts, W. B. (2006). *Bullying from both sides: Strategic interventions for working with bullies & victims*. Thousand Oaks, CA: Corwin Press.

Robinson, K. H. (2005). Reinforcing hegemonic masculinities through sexual harassment: Issues of identity, power and popularity in secondary schools.

123

Gender and education, 17(1), 19-37.

Robinson, K. H. (2005). Reinforcing hegemonic masculinities through sexual harassment: Issues of identity, power and popularity in secondary schools. *Gender and Education, 17*(1), 19-37.

Sanders, C. E. (2004). What is Bullying. In C. E. Sanders & G. D. Phye (Eds.), *Bullying: Implications for the classroom* (pp. 1-18). London, England: Elsevier Academic Press.

Stromquist, N. P. (2004, March). *The intersection of public policies and gender: Understanding state action in education.* Paper presented at the Gender and Policy Workshop, Salt Lake City, UT.

Thompson, N. (2003). *Promoting equality: Challenging discrimination and oppression* (2nd ed.). Hampshire, England, & New York, NY: Palgarve MacMillan.

Thrupp, M. (2006). Taking school contexts more seriously: The social justice challenge. *British journal of education studies*, *54*(3), 308-328.

Troyna, B., & Carrington, B. (1990). *Education, racism and reform.* London, England & New York, NY: Routledge.

國家圖書館出版品預行編目資料

邊緣教育學：寫給教育新鮮人的導讀書／李淑
菁著. --初版. --臺北市：五南, 2020.10
　面；　公分
　ISBN 978-986-522-271-0 (平裝)

1.師資培育　2.文集

522.07　　　　　　　　　　109013635

1I3M

邊緣教育學
寫給教育新鮮人的導讀書

作　　　者 ― 李淑菁 (87.5)

發 行 人 ― 楊榮川

總 經 理 ― 楊士清

總 編 輯 ― 楊秀麗

副總編輯 ― 黃文瓊

責任編輯 ― 陳俐君、李敏華

封面設計 ― 王麗娟

出 版 者 ― 五南圖書出版股份有限公司

地　　　址：106台北市大安區和平東路二段339號4樓

電　　　話：(02)2705-5066　　傳　　　真：(02)2706-6100

網　　　址：http://www.wunan.com.tw

電子郵件：wunan@wunan.com.tw

劃撥帳號：01068953

戶　　　名：五南圖書出版股份有限公司

法律顧問　林勝安律師事務所　林勝安律師

出版日期　2020年10月初版一刷

定　　　價　新臺幣280元

經典永恆·名著常在

五十週年的獻禮——經典名著文庫

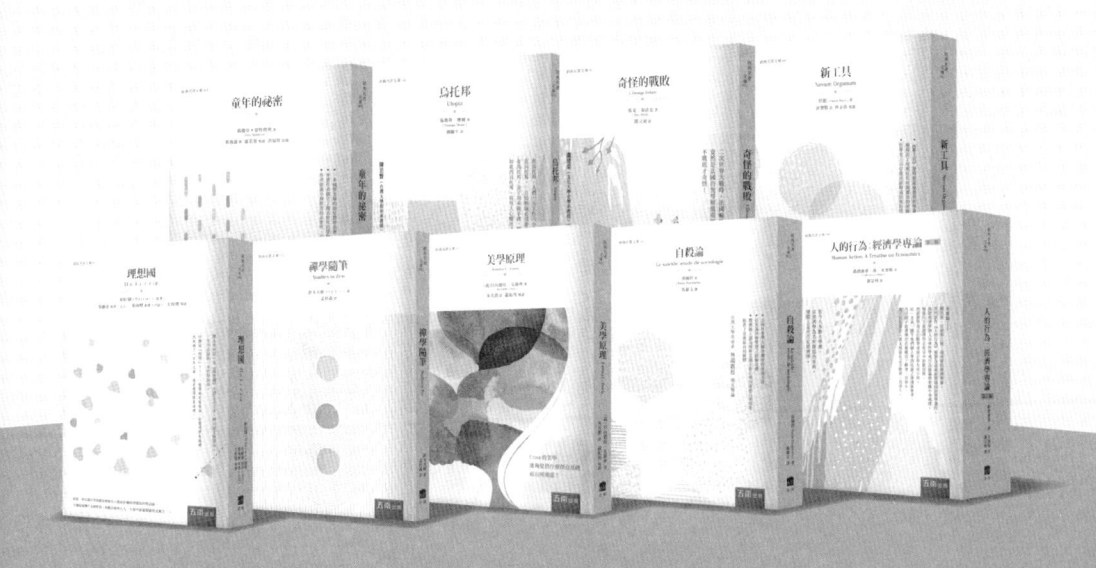

五南，五十年了，半個世紀，人生旅程的一大半，走過來了。
思索著，邁向百年的未來歷程，能為知識界、文化學術界作些什麼？
在速食文化的生態下，有什麼值得讓人雋永品味的？

歷代經典·當今名著，經過時間的洗禮，千錘百鍊，流傳至今，光芒耀人；
不僅使我們能領悟前人的智慧，同時也增深加廣我們思考的深度與視野。
我們決心投入巨資，有計畫的系統梳選，成立「經典名著文庫」，
希望收入古今中外思想性的、充滿睿智與獨見的經典、名著。
這是一項理想性的、永續性的巨大出版工程。
不在意讀者的眾寡，只考慮它的學術價值，力求完整展現先哲思想的軌跡；
為知識界開啟一片智慧之窗，營造一座百花綻放的世界文明公園，
任君遨遊、取菁吸蜜、嘉惠學子！